AKRES
Publishing

**Christian Leeck**

# DIE MÜNZEN DER TYRANNEN.

Territorium und Einflussmacht der Polis Akragas
in der Zeit der Emmenidenherrschaft
(490/89–471 v. Chr., Westsizilien).

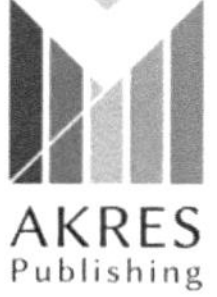

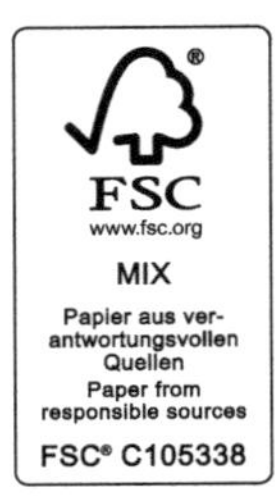


Christian Leeck:
Die Münzen der Tyrannen. Territorium und Einflussmacht der Polis Akragas in der Zeit der Emmenidenherrschaft (490/89–471 v. Chr., Westsizilien).

ISBN: 978-3-910347-00-7
ISBN E-Book (EPUB): 978-3-910347-01-4
ISBN E-Book (ePDF): 978-3-910347-09-0

1. Auflage 12/2022


Umschlagabbildungen: (1.) Holm, Adolf: Geschichte Siciliens im Alterthum, Band 1, Leipzig 1870, Karte 1, (2.) Didrachme aus Motye, 480–460 v. Chr. (ANS 1944.100.10035. American Numismatic Society); zugeschnitten und bearbeitet.
Schrifttypen: Alphabetum 9.75 by Juan-José Marcos, Fira Sans by SIL Open Font License 1.1, Linux Libertine by SIL Open Font License 1.1
Druck und Bindung: Vogel digital, 79263 Simonswald; BoD GmbH, 22848 Norderstedt

Verlag: AKRES Publishing, Remscheider Straße 45, D-42369 Wuppertal
Tel.: 0049 (0)202 5198830, Telefax: 0049 (0)202 2447651
E-Mail: info@akres-publishing.com

*Besuchen Sie uns im Internet:* www.akres-publishing.com

**Bibliographische Information der Deutschen Nationalbibliothek:**
Die Deutsche Nationalbibliothek verzeichnet diese Publikation in der Deutschen Nationalbibliografie; detaillierte bibliografische Angaben sind im Internet über http://dnb.ddb.de abrufbar.

*Dedicato alla mia terra*

# Inhaltsverzeichnis

# Vorwort

Eine große Bereicherung im Laufe meiner bisherigen wissenschaftlichen Beschäftigung stellte in jungen Jahren die Lehrtätigkeit am Historischen Seminar der Heinrich-Heine-Universität Düsseldorf dar. Lehr- und Forschungsbetrieb in der Alten Geschichte waren durch eine profilierte numismatische Ausrichtung gekennzeichnet, was nicht nur durch die kleine, schmuckhafte Münzsammlung begünstigt wurde, sondern vor allem auch durch den methodischen Experimentiergeist, den der wissenschaftliche Nachwuchs des Instituts in zahlreichen Forschungsprojekten und Kooperationen an den Tag legte.

Die Anregung zur Beschäftigung mit der numismatischen Befundlage Westsiziliens ging aus Gesprächen, die im Sommersemester 2014 im Düsseldorfer Kollegenkreis stattfanden, hervor. Mein Dank richtet sich an Johannes Wienand, der heute in Braunschweig lehrt, mit dem ich in den Jahren 2012–2017 gemeinsam in Düsseldorf wirkte und der meine numismatischen Forschungsarbeiten sehr rege durch fachliche und methodologische Impulse bereicherte. Er teilte mit mir den Ansatz der methodischen Triangulation, ein Verfahren, das er selbst in seinen Forschungen zu textlichen Quellengattungen der Spätantike mit großer Lebhaftigkeit praktizierte.

Der konkrete Austausch mit Martin Mohr (Universität Zürich), Grabungsleiter der Monte Iato-Mission, führte zu der auf ganz Westsizilien bezogenen Ausrichtung der Forschungsarbeit. Mein Dank richtet sich an ihn insbesondere auch für die Zurverfügungstellung des Bildmaterials aus der Ietas-Grabung. Die kollegiale Freundschaft zu ihm erwuchs in den letzten Jahren aus unserem gemeinsamen Forschungsinteresse zu Westsizilien und wird auch in Zukunft sicher das eine oder andere gemeinsame Projekt ermöglichen.

Dieser Forschungsbeitrag stellt eine Überarbeitung der im Jahr 2019 (MBAH 37) erstveröffentlichten Untersuchung dar. Der wesentliche Anlass, der die Überarbeitung erforderlich machte, war das Erscheinen des durch Ulla Westermark lange Zeit angekündigten Münzcorpus unter dem Titel *The coinage of Akragas* im Jahr 2018, genau zu der Zeit, in der die Publikationsvorbereitungen für den vorstehend erwähnten Erstbeitrag liefen. Wichtige Anpassungen in Bezug auf die Datierungen der Münzemissionen in spätarchaisch-frühklassischer Zeit konnten so in dem vorliegenden Text erfolgen.

Möge die Lektüre dieser Abhandlung zu einem genaueren Verständnis einer Epoche beitragen, über die wir ansonsten aus den literarischen und epigraphischen Quellen wenig wissen. Die Dynamik der frühen Tyrannis in Westsizilien selbst stellt ein die bis dato bekannten Handlungsstrukturen überschreitendes, soziales und politisches Phänomen dar, das es mit einem ebenso begeisterten, die traditionellen Methoden überwindenden Spürsinn zu erforschen gilt.

Christian Leeck — Wuppertal, im Dezember 2022

# 1 Problemstellung. Die Emmeniden als Herrscherdynastie in Westsizilien

«the Emmenids, a happy, just, sagacious family indeed, men of letters who used their wealth wisely and conducted themselves without injustice or insolence»[1]

Die frühe Tyrannis in Westsizilien, deren bekannteste Vertreter Peithagoras und Euryleon in Selinous (beide Ende 6. Jh. v. Chr.), Terillos in Himera (um 490–483 v. Chr.) und Phalaris (570–554 v. Chr.) sowie Theron (ca. 490/89–472 v. Chr.) in Akragas waren, nahm im Hinblick auf die machtpolitischen Auswirkungen im Raum nicht weniger Bedeutung an als ihr geloisch-syrakusisches Pendant im Osten der Insel.[2]

Zu den machtfestigenden Maßnahmen der Tyrannis gehörten nicht nur der flächenmäßige Ausbau der stadteigenen *chṓra* und innerhalb derselben die Aufnahme des Monumentalbaus. Einen ausschlaggebenden Einfluss auf die historischen Abläufe hatte vor allem die zielstrebige Erweiterung des politischen Aktionsfeldes über weite Teile der Insel, was im Falle von Akragas durch die überlieferten Kriege gegen die Sikaner, durch den Expansionismus im Grenzbereich zur Polis Selinous und durch die Bildung einer Allianz mit den Deinomeniden verwirklicht wurde.

---

[1] D. Asheri, *Carthaginians and Greeks*, in CAH² IV, 1988, 739–780, 778.

[2] Die Tyrannis im Sizilien des sechsten und frühen fünften Jahrhunderts überblickend darstellend: A. Holm, *Geschichte Siciliens im Alterthum*, I–III, Leipzig 1870–1898, I, 140–160; H. Berve, *Die Tyrannis bei den Griechen*, I–II, München 1967, I, 128–154; Asheri, *Carthaginians and Greeks*, wie Anm. 1, 739–780; N. Luraghi, *Tirannidi arcaiche in Sicilia e Magna Greca. Da Panezio di Leontini alla caduta dei dinomenidi*, Firenze 1994; L. Braccesi, *I tiranni di Sicilia*, Rom-Bari 1998; M. Hofer, *Tyrannen, Aristokraten, Demokraten. Untersuchungen zu Staat und Herrschaft im griechischen Sizilien von Phalaris bis zum Aufstieg von Dionysios I.*, Frankfurt 2000.

Für die frühe Tyrannis in einer *border area* wie Westsizilien gewinnt gerade der Kontakt der griechischen Staaten mit der indigenen sowie der phönizischen Welt eine beachtenswerte Relevanz, mussten sich doch in diesem multiethnischen Raum mit der Präsenz von gleich drei literarisch überlieferten nichtgriechischen Völkern, den Sikanern, Elymern und Phöniziern[3], Machtanspruch, Herrschaftskonstitution und Ressourcennutzung einer Polis, die nach räumlicher Hegemonie strebte, auf mehrdeutige Weise bemerkbar machen.[4]

Wenig wird aus der literarischen Quellenlage zu solchen Fragestellungen bekannt, die den Raum als politisches Handlungsfeld der frühen Tyrannis in Sizilien betreffen. Gerade die außenpolitischen Beziehungen der Poleis zu den indigenen Siedlungseinheiten bleiben, von einigen bereits in der Antike verbreiteten, sagenbehafteten Episoden abgesehen,[5] zumeist völlig ungeklärt. Dies betrifft sogar die zwischenstaatli-

---

[3] In der vorliegenden Studie sollen die Ethnonyme nur in Bezug auf solche Städte verwendet werden, die durch das literarische Quellenzeugnis einem Volk zugeordnet werden können. Die Kenntnisse der indigenen Kulturlandschaft im zentralwestlichen Sizilien sind nach wie vor von großer Unklarheit gekennzeichnet, was unmittelbar darin begründet ist, dass die Erforschung der indigenen Keramik noch immer in den Anfängen steht.

[4] Die Rolle des ruralen Raumes in den Zielabsichten der frühen Tyrannen kommentiert Adolf Holm am Beispiel des Phalaris von Akragas, der nur dadurch zum Mitregenten von Himera erwählt werden und in zahlreichen Sikanerstädten Bündnisse schließen konnte (nach Polyaen. V 3.4), weil das phönizisch-karthagische Hegemonialstreben bereits in der ersten Hälfte des sechsten Jahrhunderts in Westsizilien präsent war und allgemein als Bedrohung empfunden wurde (Holm, *Geschichte Siciliens im Alterthum,* I, wie Anm. 2, 151–152).

[5] So etwa die Erwähnungen aus der Herrschaftszeit des Phalaris, der durch List zahlreiche sikanische Städte einnahm (Siehe: Anm. 4), oder des Euryleon, der nach dem vergeblichen Versuch, eine Kolonie im phönizischen Gebiet zu gründen, den Selinuntinern half, sich vom Joch des Peithagoras zu befreien und selbst das Emporion bei Herakleia Minoa einnahm (Hdt. V 46; Diod. IV 23).

chen Verbindungen der Poleis untereinander, sofern in den Quellen nicht gerade Syrakous oder Athen im Rampenlicht der historischen Nachbetrachtung standen. Zu den nur unzureichend bekannten Herrschaftsmomenten der sizilischen Geschichte gehört die Herrschaft der Emmeniden in Akragas, deren bekanntester Vertreter Theron von Akragas (ca. 490/89–472 v. Chr.) ist. Seine Herrschaftszeit bildete gemeinsam mit der Nachfolge seines Sohnes Thrasydaios (472–471 v. Chr.) für die vorliegende Untersuchung den Betrachtungszeitraum im engeren Sinne. In dieser Zeit unternahm die akragantinische Tyrannis mehrfach Ausgriffe gegen die Phönizier im Nordwesten Siziliens und baute das Einflussgebiet der eigenen Stadt über den zentralwestlichen Binnenraum der Insel bis zur Nordküste aus, ein machtstrategischer Zustand, der durch die Einnahme der Stadt Himera im Jahr 483 v. Chr. und den Sieg gegen die phönizisch-selinuntinische Allianz bei der Schlacht von Himera im Jahr 480 v. Chr. bekräftigt wurde. In einem erweiterten Sinne berücksichtigt die vorliegende Betrachtung auch das Nachwirken der emmenidischen Tyrannis, denn diese war auch nach 471 v. Chr. mit dem Fortbestehen der Einflussnahme durch Hieron I. auf die Geschicke der beiden Poleis Himera und Akragas nicht endgültig überwunden.[6] Die bürgerliche bzw. demokratische Zeit hat sich auch in Westsizilien erst ab dem Epochenjahr 461 v. Chr. vollends etabliert (Diod. XI 76).[7]

---

[6] Eine Deutung der zwei freiheitsverkündenden pindarischen Oden aus nachtheronischer Zeit, der zwölften olympischen und der zweiten isthmischen, im Sinne einer zunehmenden Anbiederung des Dichters an Hieron I., der zuvor über seinen Widersacher Thrasydaios gesiegt hatte, lieferte: Holm, *Geschichte Siciliens im Alterthum,* I, wie Anm. 2, 243–244. Für eine weitere Deutung der Verwendung des Freiheitsbegriffs in der Zeit nach dem Sturz des Tyrannen vgl.: Hofer, *Tyrannen, Aristokraten, Demokraten*, wie in Anm. 2, 159.

[7] Diodor stellt in Bezug auf das Jahr 461 v. Chr. fest, dass solche Söldner, die zu Hierons Zeit auch in Akragas und Himera die Macht übernommen hatten, nun endgültig vertrieben wurden.

Bedarf eine Untersuchung von *border areas* stets der Einbeziehung eines breiten Quellenkorpus, nach dem Wortlaut Jean-Paul Morels eines «articulated body of evidence»,[8] muss der Altertumswissenschaftler, der nach diesem Postulat auf der Basis aller verfügbaren Quellengattungen Aussagen über Formen und Funktionen derartiger *border areas* zu gewinnen hofft, sich mit Gewissenhaftigkeit und Akribie des geeigneten methodischen Instrumentariums bedienen, um dem interpretativen Anspruch der jeweiligen Quellengattung gerecht zu werden. Aus dieser Prämisse folgte an dieser Stelle die Wahl des methodischen Ausgangspunktes dergestalt, dass mit der Numismatik eine Quellengattung gesondert betrachtet und im Hinblick auf ihre konstituierende Rolle für die historische Interpretation untersucht wurde. Das numismatische Quellenmaterial bietet dank seiner gattungsspezifischen Polyvalenz die Möglichkeit, über einen methodisch breiten Zugang gewisse Aussagen über historische Abläufe, die nicht aus einer auf der literarischen Überlieferung gestützten Analyse hervorgehen, zu ergänzen und die *communis opinio* im Hinblick auf Strukturmerkmale und Relevanz der emmenidischen Herrschaftszeit weiterzuentwickeln.

Wenngleich die Münze als Quelle einen für die antike Gesellschaft nicht repräsentativen Wirkungskontext darstellt, bot sie dennoch einen starken Vorteil für unsere Zielsetzung, manifestieren sich in ihr doch die beteiligten Völker als handelnde Subjekte.[9] Mit Völker werden hier nach

---

[8] J.-P. Morel, Greek Colonization in Italy and in the West (Problems of Evidence and Interpretation), in T. Hackens – N. D. Holloway – R. R. Holloway (Hrsg.), Crossroads of the Mediterranean. Archaeologia Transatlantica II, Louvain-la-Neuve 1984, 123–161, 129.

[9] Eine ähnliche Herangehensweise durch Hinzuziehung der numismatischen Quelle ist in der Vergangenheit auch zur Erforschung des kampanischen Charakters ehemals indigener Städte wie Nakone und Entella, über die man sonst wenig weiß, gewählt worden. Vgl.: A. Tusa Cutroni, *I* Καμπανοί *ed i* Τυρρηνοί *in Sicilia attraverso la documentazione numismatica*, Kokalos 16, 1970, 250–267; S. Garraffo, *Storia e monetazione di Entella nel quarto secolo a. C. Cronologia e significato delle*

dem Zeugnis sprachlicher – also epigraphischer rund literarischer – Quellen belegte Ethnien der Elymer, Sikaner und Phönizier bezeichnet, wenngleich die archäologische Forschung die Wirklichkeit des Inselwestens als "lebhaftes Vielvölkertum"[10] beschreibt. Dennoch bietet die Tatsache, dass Münzprägung in dem hier relevanten Betrachtungszeitraum neben Akragas auch in Selinous und Himera und eben auch in der punischen Stadt Motye, den elymischen Städten Eryx und Segesta sowie dem bislang nicht eindeutig einer der literarisch überlieferten Ethnien zuzuordnenden indigenen Zentrum Hippana praktiziert wurde,[11] die einzig-

---

*emissioni dei Kampanoi*, AIIN 25, 1978, 23–44; S. Garraffo, *La monetazione dei centri Elimi sotto il dominio campano*, in G. Nenci – S. Tusa – v. Tusa (Hrsg.), *Gli Elimi e l'area Elima. Fino all'inizio della prima guerra punica.* Atti del seminario di studi. Palermo – Contessa Entellina – 25–28 maggio 1989, Palermo 1989, 193–201.

[10] F. Spatafora, Griechen, Sikaner, Elymer. Geschichten von Kontakten und Grenzgebieten, in F. Spatafora – S. Vassallo (Hrsg.), Das Eigene und das Andere. Griechen, Sikaner und Elymer. Neue archäologische Forschungen im antiken Sizilien, Palermo 2004, 3–6, 5.

[11] Die sizilische Münzprägung in der Gänze überblickend: Holm, *Geschichte Siciliens im Alterthum*, III, wie Anm. 2, 543–741 (im Folgenden auch *Holm 1898*); G. E. Rizzo, *Monete greche della Sicilia*, I–II, Rom 1946 (im Folgenden auch *Rizzo 1946*). Zahlreiche Münzbeispiele bietet ferner der im Neudruck erschienene zweite Band des «Catalogue of The Greek Coins in The British Museum» (Bologna 1963; im Folgenden *BMC*). Gegenwärtig wird unter Berücksichtigung neuester Forschungsergebnisse an einem sizilienweiten Korpus unter dem Projekttitel «Historia Numorum. Sicily and Adjacent Islands» gearbeitet, dessen Fertigstellung durch Suzanne Frey-Kupper, Keith Rutter und John Morcom in nicht ferner Zukunft zu erhoffen ist. Für die meisten hier relevanten Münzstätten sind inzwischen eine Reihe an Spezialstudien zu den jeweiligen Korpora erschienen. Vgl. zu Akragas: G. K. Jenkins, *The Coinage of Gela*, Berlin 1970, 162–164 (im Folgenden auch *Jenkins 1970*); U. Westermark, *The coinage of Akragas c. 510–406 B. C.*, 2 Bände, Uppsala 2018 (im Folgenden auch *Westermark 2018*); zu Selinous: A. Carbè, *Note sulla monetazione di Selinunte*, RIN 88, 1986, 3–20 (im Folgenden auch *Carbè 1986*); C. Arnold-Biucchi, *The Beginnings of Coinage in the West: Archaic Selinus*, in «Flori-

legium Numismaticum, Studia in honorem U. Westermark edita», Stockholm 1992, 13–19 (im Folgenden auch *Arnold-Biucchi 1992*); C. Arnold Biucchi, *Some new cast bronze coins from Selinus at the ANS*, in «Italiam Fato Profugi (Numismatic Studies dedicated to Wladimir and Elvira Eliza Clain-Stefanelli), Numismatica Lovaniensa 12», Louvain-La-Neuve 1996, 9–19; C. Arnold-Biucchi, *Litras en argent contremarquees en Sicile et les fractions de Selinonte*, in D. Berend – S. Hurter – C. Arnold-Biucchi (Hrsg.), *Pour Denyse: divertissements numismatiques*, Bern 2000, 177–185 (im Folgenden auch *Arnold Biucchi 2000*); R. Macaluso, *La Sicilia e la moneta. Dai mezzi di scambio premonetari alla coniazione in argento dell'unità ponderale indigena*, Pisa-Rom 2008; A. Tusa Cutroni, *La monetazione di Selinunte*, in S. Tusa (Hrsg.), *Selinunte* (Studia Archaeologica 179), Rom 2010, 157–165; zu Himera: AIIN 16-17 suppl. (1971); C. M. Kraay, *The archaic coinage of Himera*, Neapel 1983 (im Folgenden auch *Kraay 1983*); U. Westermark, *Himera, The Coins of Akragantine type. 2*, in M. Amandry – S. Hurter (Hrsg.), *Travaux de numismatique grecque offerts à Georges Le Rider*, London 1999, 409–434, mit Taf. 45-50 (im Folgenden auch *Westermark 1999*); zu Motye: A. Tusa Cutroni, *Mozia: Monetazione e circolazione*, in I. Brancoli et al. (Hrsg.), *Mozia - III. Rapporto preliminare della Missione archeologica della Soprintendenza alle Antichità della Sicilia Occidentale e dell'Università di Roma* (Studi Semitici, 24), Rom 1967, 97–119 (im Folgenden auch *Tusa Cutroni 1967*); G. K. Jenkins, *Coins of Punic Sicily*, unveränderter Nachdruck der vier von 1971–1978 in der Schweizerischen Numismatischen Rundschau erschienenen Artikel, Zürich 1997; zu Segesta: Rizzo, *Monete greche della Sicilia*, wie Anm. 11, 283–291, Taf. 61–63; N. K. Rutter, *The mysterious Segestans*, in D. Berend – S. Hurter – C. Arnold-Biucchi (Hrsg.), *Pour Denyse: divertissements numismatiques*, Bern 2000, 177–185; S. M. Hurter, *Die Didrachmenprägung von Segesta: mit einem Anhang der Hybriden, Teilstücke und Tetradrachmen sowie mit einem Überblick über die Bronzeprägung* (Schweizer Studien zur Numismatik 1), Bern 2008 (im Folgenden auch *Hurter 2008*); zu Eryx: Rizzo, *Monete greche della Sicilia*, wie Anm. 11, 292–298, Taf. 64,1–19; A. Tusa Cutroni, *La collezione numismatica del Museo Cordici di Erice. 1a puntata*, SicA 2,7, 1969, 29–45 (im Folgenden auch *Tusa Cutroni 1969*); D. Zodda, *Contributo alla storia della monetazione di Erice nel V sec. a. C.*, RIN 91, 1989, 3–26; A. Tusa Cutroni, *Le emissioni frazionarie di argento di Erice. Finalità di una ricerca, Atti delle Seconde giornate internazionali di studi sull'area elima (Gibellina, 22-26 ottobre 1994)*, Pisa-Gibellina 1997, 415–428 (im Folgenden

artige Möglichkeit, mit einer Quellengattung zu arbeiten, die eine monolaterale Betrachtungsweise von Akkulturation und Zwischenstaatlichkeit vermeidet, wie sie durch Verwendung anderer Quellengattungen, etwa der schriftlichen Zeugnisse, erfolgen würde. Nicht zuletzt stellt die Münze für die elymischen Städte wie Segesta, Eryx und Entella eine der ältesten Quellengattungen dar, die überhaupt zur Verfügung stehen.

Um den wissenschaftlichen Mehrwert ermitteln zu können, soll zunächst eine Synthese der Erkenntnisse, die aus der schriftlichen Überlieferung gewonnen werden können und für die Frage nach der Rolle des Raumes relevant sind, erfolgen.

## 1.1 Die literarische Überlieferung

Therons Herrschaft dauerte von etwa 490/89 v. Chr. bis ins Jahr 472 v. Chr. (Diod. XI 53,1)[12] und wurde in den uns überlieferten Zeugnissen des Pindar, Timaios von Tauromenion und Diodor insgesamt positiv beurteilt.[13]

---

auch *Tusa Cutroni 1997*); zu Hippana: Tusa Cutroni, *Mozia: Monetazione e circolazione*, wie oben zit., 100–101; R. R. Holloway, *Le monetazioni di Agyron, Aluntion, Entella, Hipana, Nakone, Stiela*, in Atti del IV Convegno di Studi Numismatici, Napoli 1973, hrsg. vom Istituto Italiano di Numismatica, Rom 1975, 133–145. Die Münzprägung in den Städten Panormos, Solous, Nakone und Entella wurde nach bisherigem Kenntnisstand erst in nachemmenidischer Zeit, in der Regel nach 461 v. Chr. aufgenommen. Zu den punischen Städten: G. K. Jenkins, *Coins of Punic Sicily. Part 1*, SNR 50, 1971, 25–78, Taf. 1–24 (im Folgenden auch *Jenkins 1971*).

12 Zum Beginn der Tyrannis des Theron vgl.: T. J. Dunbabin, The Western Greeks. The History of Sicily and South Italy from the Foundation of the Greek Colonies to 480 B.C., Oxford 1948, 412–413; Berve, Die Tyrannis bei den Griechen, II, wie Anm. 2, 595.

13 Die Ursachen für diese Popularität sind bei Diodor hauptsächlich in der Syrakous orientierten Retrospektive des Autors zu suchen. Vgl.: Diod. X 28; XI 53. Zu den Gründen, weshalb Theron bei Pindar großes Ansehen genoss, gehörte neben den

Den ersten Hinweis auf den Ruhm der Emmeniden liefern die Pindarscholien mit dem Hinweis auf den Wagensieg des jüngeren Bruders des Theron, Xenokrates, bei den Pythischen Spielen (Schol. Pind. *Pyth.* 6 inscr.). In der frühen Zeit, noch vor 485 v. Chr., war Theron nach den Angaben des Timaios von Tauromenion durch mehrfache Heiratspakte in eine enge militärische Allianz mit Gelon getreten (Tim. *FGrHist* 566 fr. 93).[14] Diese Symmachie zwischen Gelon und verschiedenen griechischen Städten der Insel, zu denen vorrangig Akragas gehörte, hatte nach Diodor bis zum Jahr 480 v. Chr. konsistenten Bestand (Diod. X 32) und wird Theron bereits vor der Schlacht von Himera im Jahr 480 v. Chr. in das eine oder andere Gefecht auch gegen die Karthager bzw. die unter karthagischem Einfluss stehenden phönizischen Städte der Insel geführt haben. Dafür spricht zunächst eine nicht dem Krieg von 480 v. Chr.

---

agonalen Leistungen, zu denen der olympische Sieg im Wagenrennen im Jahr 476 v. Chr. gehörte (Pind. *Olymp.* 2–3), auch die besondere wirtschaftliche Blüte der Polis (Pind. *Pyth.* 12,1–3), die durch Therons Freigiebigkeit und Wohltaten erwirkt wurde (Pind. *Olymp.* 2,88–100). Siege bei den Wettkämpfen der Zeit standen bei den Emmeniden und Deinomeniden an der Tagesordnung: Bereits 490 v. Chr. hatte das Viergespann des Xenokrates unter dessen Sohn Thrasybulos, dem Neffen Therons, bei den Pythischen Spielen den Sieg errungen (Pind. *Pyth.* 6). Später wurde der Sieg auch in Athen bei den isthmischen Spielen wiederholt (Pind. *Isthm.* 2). Im gleichen Jahr wie Theron siegte in Olympia auch Hieron I. (Pind. *Olymp.* 1). Die Tatsache, dass selbst der ansonsten tyrannenfeindliche Timaios von Tauromenion in einem bei den Pindarscholien überlieferten Fragment Theron als ὁ τῶν Ἀκραγαντίνων βασιλεύς (Tim. *FGrHist* 566 fr. 93b) bezeichnete, dies sogar trotz des Fehlens eines verfassungsgemäßen Königtums, darf als positive Konnotation, die von Würde des Amtes und Fürsprache durch das Volk zeugte, angesehen werden. Vgl. hierzu: Berve, *Die Tyrannis bei den Griechen*, I, wie Anm. 2, 132f.

[14] Hatte zuvor Hieron I. eine Nichte Therons, die Tochter des Xenokrates, geheiratet, kam Theron in den folgenden beiden Heiratsschließungen persönlich ins Spiel. Seine Tochter Damarete wurde Frau des Gelon, während er selbst in zweiter Ehe die Nichte des Gelon, Tochter des Polyzalos, heiratete.

zuzurechnende Schilderung des Polyainos (Polyaen. I 28,1), zum anderen das im Plural wiedergegebene *cum tyrannis* beim römischen Geschichtsschreiber Justinus (Iust. IV 2,6).[15] Herodot berichtet von einem Krieg, den Gelon in der Frühphase seiner Herrschaft im Westen der Insel focht, bei dem den Karthagern jene Emporien entrissen wurden, die sie nach dem Fall des Dorieus in Besitz genommen hatten (Hdt. VII 158).[16] Herakleia Minoa fällt nicht in diese Gruppe karthagischer Emporien, denn es war nach dem Fall des Dorieus von Euryleon eingenommen worden und vermutlich im Interessenbereich der Stadt Selinous geblieben, darauf deutet zumindest der politische Pakt Euryleons mit den Selinuntinern (Hdt. V 46,2) hin. Dennoch ging das Emporion zu einem heute in der Forschung nicht sichergestellten Zeitpunkt in das akragantinische Gebiet über, wie durch die lindische Tempelchronik (*Chron. Lind.* 30) belegt ist.[17]

Weiter belegt ist die auf das Jahr 483 v. Chr. datierte Einnahme von Himera (Diod. XI 1,5) und die Vertreibung des Terillos, der die persönliche Freundschaft des Hamilkar genoss und Verbündeter des Anaxilaos von Rhegion war (Hdt. VII 165). Die Herrschaft über Himera übergab Theron seinem Sohn Thrasydaios (Diod. XI 48,6). Für das Jahr 480 v. Chr. ist der einschlägige Feldzug des Hamilkar, der durch die Selinuntiner unterstützt wurde, belegt (Diod. XI 1,5). Die sizilische Alli-

---

[15] Für zwei Kommentare dieser Passage siehe: Braccesi, *I tiranni di Sicilia,* wie Anm. 2, S. 54f.; Galvagno, *Politica ed economia nella Sicilia greca,* Rom 2000, 59–63.

[16] Die Passage wird ausführlich kommentiert bei: Galvagno, *Politica ed economia nella Sicilia greca,* wie in Anm. 15, 15–26.

[17] Vgl.: Berve, *Die Tyrannis bei den Griechen,* II, wie Anm 2, 59; Braccesi, *I tiranni di Sicilia,* wie Anm. 2, 53f.; N. Luraghi, *Tirannidi arcaiche in Sicilia e Magna Greca,* wie Anm. 2, 41, 233f. Die Einnahme von Herakleia Minoa könnte im Grunde auch erst unter den Emmeniden in der Frühphase ihrer Herrschaft, beispielsweise kurz vor 490 v. Chr., stattgefunden haben, zumal die nächste durch ein Datum gesicherte Weihgabe der lindischen Tempelchronik die des Artaphrenes im Jahr 490 v. Chr. (*Chron. Lind.* 32) ist.

anz, die von Gelon und Theron angeführt wurde, siegte im selben Jahr in der Schlacht von Himera, über die in der antiken Literatur ausführlich berichtet wurde (Hdt. VII 165–167; Diod. XI 20–26; Polyaen. I 27,2–28,1).

Den Hinweis auf ein flächenmäßig weit über Himera hinausgehendes Herrschaftsgebiet des Theron liefert eine beiläufige Notiz des Diodor, wonach zahlreiche befeindete Krieger sich auf akragantinisches Gebiet flüchteten, wo sie gefangen genommen wurden. Hier wird eine gewisse Größe des Territoriums im Hinterland von Himera angedeutet, die eine gelungene Flucht der unterlegenen befeindeten Krieger in neutrales oder phönizisches Gebiet verhinderte und die Flüchtigen ins akragantinische Inselinnere führte (Diod. XI 25,2: πολλοὶ τῶν φευγόντων εἰς τ ὴν μεσόγειον ἀνεχώρησαν, μάλιστα δὲ εἰς τὴν Ἀκραγαντίνων).

Einzelne Hinweise liefern die Textquellen auch zu den späten Jahren der theronischen Herrschaft. Mit Gelons Tod um 478/7 v. Chr. brach zunächst die bewährte Allianz zwischen den beiden Dynastien, und Theron fiel bei Hieron I. zunächst in Missgunst (Diod. XI 48–49). Später kam es in letzter Minute zu einer Repristination der Allianz, die durch einen erneuten zweifachen Heiratspakt besiegelt wurde (Tim. *FGrHist* 566 fr. 93; Diod. XI 48,8).[18] Als Folge kam es in Himera zu erneuten Repressionen gegen befeindete Fraktionen sowie zu zahlreichen Neueinbürgerungen (Diod. XI 49,3). Ob der Sieg über Motye, von dem Pausanias im Zusammenhang mit einem in Olympia geweihten mehrfigurigen *anathema* berichtet (Paus. V 25,5), in diese Zeit zu verorten ist, ist nicht sicher.[19]

---

[18] Hieron heiratete Therons Nichte und Polyzalos ging eine Ehe mit Damarete ein.

[19] Vgl.: Berve, *Die Tyrannis bei den Griechen*, II, wie Anm. 2, 596; H. Baitinger, *Punisch oder griechisch? Bemerkungen zu einem Pfeilspitzentypus aus Olympia*, «Archäologisches Korrespondenzblatt» 39,2, 2009, 213–222, 218.

Für diese Spätphase der theronischen Herrschaft manifestiert sich in den Quellen die Erhaltung einer mythologischen Verklärung der Tyrannis im Sinne einer Anbiederung an die frühkretische Vergangenheit des südwestlichen Küstengebietes Siziliens: Zunächst soll Theron im Grenzgebiet zu Selinous das Grab des Minos gefunden und dessen Gebeine den Kretern zurückgegeben haben (Diod. IV 79,4).[20] Auch zwei Vettern des Theron, Kapys und Hippokrates, die von Theron aus Akragas vertrieben worden waren und ihm in einem Kampf bei Himera unterlegen gewesen waren, setzten sich 476/5 v. Chr. in Kamikos, der ehemaligen Festung des Sikanerkönigs Kokalos, ebenfalls in akragantinisch-selinuntinischem Grenzgebiet fest (Schol. Pind. *Olymp.* 2,173; Schol. Pind. *Pyth.* 6,5a). Solche Notizen verfügen ähnlich wie die Einnahme des selinuntinischen Grenzemporions Herakleia Minoa über herrschaftsideologische Zuschreibungen für eine Phase, in der die emmenidische Herrschaft sich nach ihren ersten schnellen Erfolgen auf Dauer im Westen der Insel zu etablieren versuchte.

Nach dem Tod des Theron im Jahr 472 v. Chr. ging die Herrschaft an dessen Sohn Thrasydaios über (Diod. XI 53,1–2). Dieser führte ein hartes Regiment, fand aber bereits ein Jahr später einen unrühmlichen Tod. Damit endete die Tyrannis in Akragas sowie in Himera bereits ein Jahrzehnt früher als im Osten der Insel, im Jahr 471 v. Chr. (Diod. XI 53,5). Für Akragas wurde auf der Grundlage spärlicher Indizien angenommen, dass eine Rückkehr zur Oligarchie (Tim. *FGrHist* 566 fr. 2) gemäß dem Zustand vor Beginn der emmenidischen Tyrannis erfolgt sein musste, oder es wurde sogar eine direkte Unterwerfung der Polis unter Hieron I. ab 466/5 v. Chr. postuliert.[21] Dass Himera frei von der Tyrannis war,

---

20 Eine politische Absicht annehmend: Dunbabin, *The Western Greeks*, wie Anm. 12, 413. Vgl. dagegen: Berve, Die Tyrannis bei den Griechen, II, wie Anm. 2, 596.

21 Für erstere Meinung vgl.: H. Wentker, *Sizilien und Athen. Die Begegnung der attischen Macht mit den Westgriechen*, Heidelberg 1956, 25–26. Diodors Aussage, wonach bereits Demokratie herrschte (Diod. XI 53,5), kann entweder aus späterer

besingt Pindar unter Bezug auf Zeus Eleutherios in seiner zwölften olympischen Ode (Pind. *Olymp.* 12,1), wobei auch hier Freiheit nicht gleichbedeutend mit Demokratie sein muss. An späterer Stelle erklärt Diodor, dass erst 461 v. Chr. die ehemals tyrannentreuen Söldner aus verschiedenen Städten, darunter auch Akragas, entfernt wurden und die ehemals Verbannten in die Stadt zurückkehrten (Diod. XI 76,4–6).

## 1.2 Der *status quaestionis*

Im globalsizilischen Kontext erscheint Himera bis zum Jahr 483 v. Chr., ähnlich wie es für Selinous zeitweise, unter der Herrschaft des Tyrannen Peithagoras, auch der Fall war, durch eine pro-punische Regierung von dem restlichen griechischen Sizilien isoliert.[22] Die beiden westlichsten Städte stellten, neben Messana, die einzigen griechischen Staaten der Insel dar, die ihre Unabhängigkeit im Zuge der territorialen Expansion unter den geloisch-syrakusischen Tyrannen Ende des sechsten Jahrhunderts vor Christus bewahrt hatten. Messana und Himera waren in der Deutung von David Asheri Teil einer Blockbildung und stellten den Gegenpart zur syrakusisch-akragantinischen Herrschaftsfront, die durch die Allianz der Emmeniden und Deinomeniden zustande gekommen war, dar. Innerhalb dieser Blockbildung mussten in dieser politisch brisanten Zeit alle Gemeinwesen der Insel Position ziehen. Nach David Asheri hätte die Politik des Terillos durch geschickte diplomatische wie familienpolitische Entscheidungen darauf abgezielt, eine vom karthagischen Westen über Himera, Messina bis Rhegion in ostwestliche Richtung verlaufende Front gegen Gelons Allianz zu bilden:

---

Betrachtung heraus als kontrastiv, im Sinne von Freiheit von der Tyrannis, zu verstehen sein oder es wird ein vorübergehender Zustand gewesen sein, der unter dem Einfluss von Hieron I. um 466/5 v. Chr. wieder beendet war, so die Deutung bei: Braccesi, *I tiranni di Sicilia,* wie Anm. 2, S. 60f. (Vgl. dazu: Diod. XI 68).

[22] Braccesi, *I tiranni di Sicilia,* wie Anm. 2, 14–17.

"All surviving autonomous communities in Sicily now faced the uncomfortable choice between a pro Syracusan and a pro-Carthaginian tyranny [...]. We know only that a number of prosperous Greek cities in Sicily preferred the Carthaginian to the Syracusan bloc."[23]

Diese Allianz wirkte sogar nach der Annexion Himeras durch Theron von Akragas weiter und verfolgte das realpolitische Ziel der Rückeroberung der Stadt durch den ehemaligen Stadtherren, so Lorenzo Braccesi in seiner Untersuchung zu Terillos.[24] Die für die frühe Phase der theronischen Herrschaft, also etwa 489/8–485 v. Chr. durch die Literatur gelieferten Hinweise auf Kämpfe Gelons und etwaiger Verbündeter mit den Karthagern (Hdt. VII 158,2; Iust. 19,1) seien weniger Ausdruck eines bereits bestehenden außenpolitischen Ringens als ein Produkt reger antipunischer Polemik: «more like an item of panhellenic propaganda than evidence of actual fighting».[25]

Hypothetisch wurde in der Forschung auch zum Status der ab 483/80 v. Chr. kontrollierten Gebiete Stellung genommen. Während in Himera mit der Einsetzung des Sohnes Therons, des Thrasydaios, die Statthalterschaft klar bezeugt ist, wird zum Status der eroberten indigenen Städte sowie der den Nachbarpoleis entrissenen Emporien wie Herakleia Minoa viel spekuliert und die Identifikation des Tyrannen mit diesen Gebieten in Frage gestellt, so durch Helmut Berve: «Auch besteht kein Grund zu der Annahme, daß er [Theron] das Territorium von Akragas [...] als seinen persönlichen, ihm steuerpflichtigen Besitz angesehen und behandelt hätte».[26] Ganz im Gegenteil dazu formulierte Franco

---

[23] Asheri, *Carthaginians and Greeks*, wie Anm. 1, 771.

[24] Braccesi, *I tiranni di Sicilia*, wie Anm. 2, 18–20.

[25] Asheri, *Carthaginians and Greeks*, wie Anm. 1, 767. Vgl. auch: Galvagno, *Politica ed economia nella Sicilia greca*, wie Anm. 15, 63; Hofer, *Tyrannen, Aristokraten, Demokraten*, wie Anm. 2, 21–32. Die Historizität dieses Kriegsgeschehens nahm dagegen an: Berve, *Die Tyrannis bei den Griechen*, I, wie Anm. 2, 133–134.

[26] Berve, *Die Tyrannis bei den Griechen*, I, wie Anm. 2, 135.

De Angelis jüngst die Meinung, dass die Einsetzung des Thrasydaios in Himera analog auch auf andere Statthalterschaften und die Existenz von tributären Systemen in den eroberten Gebieten schließen lässt.[27]

In den außenpolitischen Beziehungen im Westen der Insel nach der Schlacht von Himera wurde für Selinous von David Asheri postuliert, dass die Stadt «probably came to terms with Acragas without necessarily breaking with the Punics»,[28] wobei der politische Druck Karthagos in den Jahren nach 480 v. Chr. gewöhnlich als vermindert bzw. in Degression befindlich beurteilt wurde. Karthago trennte sich, zumindest vorübergehend, von der Weltbühne und beschränkte ihr Wirken auf Afrika, was dem Expansionsbestrebungen der Tyrannis durchaus Aufschwung verliehen hat.[29] Dagegen wird in der Forschung bislang kaum eine Aussage zum Status der phönizischen und schon seit etwa Mitte des vorausgegangenen Jahrhunderts unter karthagische Kontrolle geratenen Städte wie Motye, Panormos oder Solous getätigt, außer die gelegentlich geäußerte Meinung, dass es sich um eine schwache politische Kontrolle, ohne bestehende außenpolitische Zielabsicht handelte.[30] Das Verhältnis der Tyrannis zu den indigenen Bevölkerungen des zentralen Inselwestens wird bei Helmut Berve auf die dualistische Beziehung zwischen Hörigen und Kolonisten reduziert.[31]

## 1.3 Das neue Corpus Nummorum

Im Jahr 2018 veröffentlichte Ulla Westermark im Uppsala Universitätsverlag das neue, zweibändige Corpus der akragantinischen Münzprä-

[27] F. De Angelis, Archaic and Classical Greek Sicily. A Social and Economic History, Oxford 2016, 191.

[28] Asheri, *Carthaginians and Greeks*, wie Anm. 1, 771.

[29] A. a. O., 775.

[30] Hofer, *Tyrannen, Aristokraten, Demokraten*, wie Anm. 2, 22–24.

[31] Berve, *Die Tyrannis bei den Griechen*, I, wie Anm. 2, 128.

gung, in dem Sie die Folge der archaischen Münzausschüttungen wie folgt gliederte:[32]

*Period I:* Es handelt sich hierbei ausschließlich um Didrachmen, die nach dem attischen Münzfuß hergestellt wurden und ein Gewicht von ca. 8,70 g, bei einer hauptsächlichen Streuung von 8,41–8,80, aufweisen.[33] Diese Emissionsreihe unterteilte Ulla Westermark in vier Untergruppen: Gruppe I (ca. 520/10–495/90 v. Chr.), Gruppe II (495/490–483 v. Chr.), Gruppe III, mit einer relativ kurzen Emissionsdauer von etwa 483–480/478 v. Chr., und Gruppe IV ab 480/478 v. Chr. mit dem Enddatum um 470 v. Chr., was in etwa mit dem Ende der emmenidischen Dynastie zusammenfällt.[34]

---

[32] Westermark, *The coinage of Akragas,* wie Anm. 11.

[33] A. a. O., S. 41.

[34] A. a. O., S. 56–65.

# 2 Analyse. Der numismatische Befund in triangulativ-methodischer Auswertung

Nach dem bisher Gesagten erfährt man aus der literarischen Überlieferung so gut wie nichts zum Status der indigenen oder auch phönizischen Städte, sei es in der Zeit der emmenidischen Herrschaftsfestigung, sei es im Nachwirken der Schlacht von Himera. Auch das Verhältnis zur Nachbarpolis Selinous, das unter territorialpolitischen Aspekten eine äußerst hohe Relevanz angenommen haben muss, bleibt in der literarischen Überlieferung im Dunkeln.

Hier kommt dem Althistoriker mit dem numismatischen Material, das in Akragas gerade nach dem Sieg von 480 v. Chr. in hohen Auflagen emittiert wurde bzw. in anderen nichtgriechischen Städten gerade in dieser Zeit erstmals auftritt, eine komplementäre Quellengattung zu Hilfe. Mit einem auf der Verknüpfung von *content analysis*, *unit analysis* und *distribution analysis* basierenden Vorgehen wurde durch die Kombination dreier ganz unterschiedlicher methodischer Blickwinkel in Bezug auf die Münze als Quelle die Wertigkeit der abschließenden Aussagen erhöht. Auf dieser Grundlage wurde vorliegend die Beantwortung der Frage angestrebt, inwieweit die Verwendung der Münze unter Berücksichtigung ihrer Beschaffenheit, Typologie und Verbreitung bekannte Strukturen im Beziehungsgeflecht Westsiziliens als *border area* zu bestätigen oder sogar neue Strukturen aufzuzeigen vermag, die über bislang geäußertes hinausgehen.

## 2.1 Die Münztypen

Bei der Rekonstruktion des ikonographischen Panoramas der münzprägenden Städte im Westen der Insel (Abb. 1) sind solche Momente herauszugreifen, in denen sich der Einfluss der Stadt Akragas erkennbar macht. Kriterien wie Relevanz und Konsistenz der Präsenz der jeweiligen ikonographischen Typologien sind zu beurteilen. Wir beginnen mit den drei griechischen Poleis.

### 2.1.1 Akragas

Die als Wappenbilder der Stadt geltenden Hauptprägemotive der ab 525/15 v. Chr. einsetzenden akragantinischen Didrachmenprägung sowie der ab 461 v. Chr. einsetzenden Tetradrachmenprägung weisen durchgehend bis Mitte des fünften Jahrhunderts einen hohen Grad an Konstanz in der künstlerischen Ausgestaltung auf.[35] Der Adler auf dem Avers erscheint stets als aufrecht und wachsam stehender, mit geschlossenen Flügeln links- oder rechtsorientierter Adler (*Rizzo 1946* I,1–15; *Westermark 2018*, Taf. 3–30), ergänzt durch die Legenden ΑΚΡΑΓΑΝΤΟΣ (*Rizzo 1946* I,1.5–9.13.14; *Jenkins 1970* 37,1–6; *Westermark 2018*, O38–O41), ΑΚΡΑΓΑΣ (Westermark 2018, O13, O40) oder ΑΚΡΑ (*Rizzo 1946* I,2.3.10; *Jenkins 1970* 37,7–20; *Westermark 2018*, O42, O68, O69, O89), während die Krabbe auf dem Revers zwar die eine oder andere stilistische Variation aufweist, sich durchgehend durch eine überproportionale Betonung der Scheren und des Krabbenkörpers, in dem gelegentlich auch ein Gesicht der Art eines *Gorgoneion* zu erkennen ist (*Rizzo 1946* I,3.4; *Jenkins 1970* 37,7; *Westermark 2018*, R16),[36] auszeichnet. Entbehren die Prägungen die gesamte archaische Zeit hindurch jegliches Beizeichen, treten bei einem Viertel aller Reversstempel in der Gruppe III und bei der Hälfte der Reversstempel in der Gruppe IV Prägezeichen auf. Unter den Beizeichen für das Revers befinden sich neben einem kleinen Vogel (*Rizzo 1946* I,9; *Jenkins 1970* 37,11; *Westermark 2018*, R130), einem Getreidekorn (*Jenkins 1970* 37,12.15; *Wester-*

[35] Vgl.: Westermark, *The coinage of Akragas*, wie Anm. 11, S. 19–36. Zur Datierung der Nominalreihen: Holm, *Geschichte Siciliens im Alterthum*, wie Anm. 2, 588–589; Rizzo, *Monete greche della Sicilia*, wie Anm. 11, 87–88; Jenkins, *The Coinage of Gela*, wie Anm. 11, 162–164; Asheri, *Carthaginians and Greeks*, wie Anm. 1, 777. Die jüngsten Editionen in Form von Münztafeln sind Rizzo, *Monete greche della Sicilia*, wie Anm. 11, und Jenkins, *The Coinage of Gela*, wie Anm. 11, 162–164.

[36] Der Reversstempel R16 nach Westermark 2018 wurde in eine Prägeserie, bei der der Reversstempel R19 verwendet wurde, zwischengeschoben, vgl.: Westermark, *The coinage of Akragas*, wie Anm. 11, S. 45.

*mark 2018*, R128, R180–R182) und einem Helm (*Jenkins 1970* 37,13.14; *Westermark 2018*, R135–R137, R149) auch ein weiblicher (*Rizzo 1946* I,10; *Westermark 2018*, R178, R187) oder männlicher Kopf (*Jenkins 1970* 37,16.18; *Westermark 2018*, R189), auch eine der Nike ähnliche Gestalt (*Rizzo 1946* I,13.14; *Westermark 2018*, R198). Auf den Kleinmünzen, die innerhalb der ersten Jahrhunderthälfte bislang nicht genauer datiert worden sind, erscheint vorderseitig in einer bedrohlich wirkenden Ausgestaltung der Adlerkopf mit deutlich ausgeprägtem Schnabel (*Holm 1898* 65–67b; *Rizzo 1946* I,15), während rückseitig mal eine Krabbe (*Holm 1898* 65.66), mal ein Dreifuß abgebildet ist (*Holm 1898* 67a; *Rizzo 1946* I,15).[37]

Der Adler tritt, von den zeitgenössischen Übernahmen im Westen Siziliens abgesehen, in keiner anderen Münzprägung des ausgehenden sechsten und der ersten Hälfte des fünften Jahrhunderts auf und kann als originäres Wappenbild der Polis Akragas und Bezugnahme auf die rhodische Herkunft ihrer Bürger angesehen werden.[38] Wurde in Bezug auf den Adler gewöhnlich der Verweis auf Zeus hergestellt,[39] bietet der Krebs eine Vielzahl an Anspielungen.[40] Adolf Holm nannte die in Meernähe befindliche Berglage der Stadt, die Hafendämme, die im Griechischen nach den Krabbenscheren benannt waren (griech.: *chelaí*) sowie die reine Betonung einer naturräumlichen Ressource, die der Taschenkrebs bis heute vielerorts an den sizilischen Küsten, besonders im Süden der Insel, darstellt.[41] An anderer Stelle wurde auch der Süßwasserkrebs,

---

[37] Vgl. zu den Beizeichen in archaischer Zeit: Westermark, *The coinage of Akragas,* wie Anm. 11, S. 53–55.

[38] A. a. O., S. 19–22.

[39] Holm, *Geschichte Siciliens im Alterthum,* III, wie Anm. 2, 566; G. Tabarroni, *Le due aquile di Agrigento,* «Bollettino Numismatico» 3, 1964, 5–13; Westermark, *The coinage of Akragas,* wie Anm. 11, S. 28.

[40] Die Forschungsmeinungen fasste zusammen, mit weiterführender Literatur: Westermark, *The coinage of Akragas,* wie Anm. 11, S. 29–32.

[41] Holm, *Geschichte Siciliens im Alterthum,* III, wie Anm. 2, 566.

der die beiden Flüsse Hypsas und Akragas symbolisieren könnte, als Bedeutungszusammenhang vorgeschlagen.[42]

Bemerkenswert ist in der akragantinischen Münzprägung der lebhafte Gebrauch von Beizeichen in den Emissionsreihen der Zeit ab 483 v. Chr., in der Zeit der siegreichen Tyrannis, die den Gruppen III und IV (Taf. 37,11–20) entspricht.[43] Auch wenn man keinesfalls konkrete Prägeanlässe zu bestimmen vermag, so zeugten Kapitelle, Blütenpracht, Helm und Nike auf den Münzen in den Augen des Betrachters auf eindrucksvolle Weise von den außenpolitischen Erfolgen der emmenidischen Herrschaft in der Zeit um 480 v. Chr. Nach der anerkannten Rekonstruktion der Prägegruppen von Kenneth Jenkins und, darauf aufbauend, Ulla Westermark, entsprach dem Zeitpunkt der Einnahme Himeras im Jahr 483 v. Chr. die Prägegruppe III, während spätestens um 480/478 v. Chr., in der Folgezeit des Sieges bei der Schlacht von Himera, die Gruppe IV emittiert wurde.[44] Die Verwendung solcher Beizeichen kennt in ganz Sizilien zu der Zeit nur einen anderen Fall, nämlich die Zeit der samischen Herrschaft über Zankle (ca. 494/493–488 v. Chr.), auch hier ein bemerkenswertes Zusammentreffen politischer Erfolge und neuer Prägegewohnheiten.[45]

Kurze Zeit nach der Schlacht von Himera scheint die Didrachmenprägung, die mit dem auf 480–478 v. Chr. datierten Hortfund von Passo di

---

[42] G. K. Jenkins, *Ancient Greek Coins*, London/ Fribourg 1972, 72; A. Meadows, *The fairest of mortal cities: the history and coinage of Akragas*, *ANS* Mag 8,1, 2008, 21–25, 21.

[43] Zur Datierung der Emissionsgruppen: Jenkins, *The Coinage of Gela*, wie Anm. 11, 162; Westermark, *The coinage of Akragas,* wie Anm. 11, S. 56–65.

[44] Westermark, *The coinage of Akragas,* wie Anm. 11, S. 58.

[45] A. a. O., S. 52, mit weiterführender Literatur in Anm. 179.

Piazza (*IGCH* 2068) einen letzten Belegkontext vorzuweisen hat,[46] eingestellt worden zu sein. Der akragantinische Münztyp mit Adler und Krabbe überdauerte die Tyrannenzeit allerdings und blieb, im Gegensatz zu anderen Poleis, die in bürgerlicher Zeit ihre Motive in der Regel wechselten, bis in die Zeit des Dionysios I. erhalten (*Holm 1898* 64–67d; 140–147c; *Rizzo 1946* II.III),[47] womit die akragantinische Münzprägung, so ausgefeilt sie unter kunsthandwerklichen Aspekten in der zweiten Jahrhunderthälfte auch wurde, unter ikonologischen Gesichtspunkten als in hohem Maße traditionsgebunden bezeichnet werden muss.

### 2.1.2 Himera

Die Münzprägung Himeras war bereits einige Jahrzehnte vor Akragas mit der Emission von Drachmen aufgenommen worden.[48] Die gesamte

---

[46] Zur Datierung des Hortfundes vgl.: M. T. Currò Pisano, *La consistenza del medagliere di Siracusa per quanto riguarda la monetazione greco-siceliota*, AIIN 9–11, 1962–1964, 217–264, 227.

[47] Einzige neue Motive waren ab etwa 430 v. Chr. die ohnehin in ganz Sizilien aufkommende Quadriga (*Rizzo 1946* II) sowie die in einer einzigen Emission belegte Flussgottheit des Akragas (*Rizzo 1946* III,17). Zur Bronzeprägung vgl.: U. Westermark, *The fifth century bronze coinage of Akragas*, in *Le origini della monetazione di bronzo in Sicilia e in Magna Grecia. Atti del VI Convegno del Centro Internazionale di Studi Numismatici. Napoli 17-22 Aprile 1977*, hrsg. vom Istituto Italiano di Numismatica, Neapel 1979, 3–26.

[48] Um 550/40 v. Chr. nach: Kraay, *The archaic coinage of Himera*, wie Anm. 11, 15–16; C. Boehringer, *Der Beitrag der Numismatik zur Kenntnis Siziliens im VI. Jh. v. Chr.*, Kokalos 30–31, 1984–1985, 103–131, 108; A. Tusa Cutroni, *Presenza e funzioni della moneta nelle* chorai *delle colonie greche della Sicilia occidentale*, AIIN 51, 2004, 371–395, 374–375; Tusa Cutroni, *La monetazione di Selinunte*, wie Anm. 11, 157. Ein umfassendes Korpus mit einer Rekonstruktion der Stempelkoppelungen legte vor: Kraay, *The archaic coinage of Himera*, wie Anm. 11; für die Emissionsreihen akragantinischen Typs lieferte die Systematik: Westermark, *Himera, The Coins of Akragantine type. 2*, wie Anm. 11.

archaische Zeit hindurch zeigten die Münztypen, die bei *Kraay 1983* in sieben Emissionsgruppen rekonstruiert wurden, auf dem Avers einen mal laufenden, mal stehenden Hahn als Wappenbild der Polis, oft in einem Perlkreis, auf dem Revers zunächst ein *quadratum incusum* mit acht Unterteilungen in Windmühlenform auf (*Rizzo 1946* XXI,1.2; *Kraay 1983*, Nr. 1–110). Ab der Gruppe IVd nach *Kraay 1983* kam rückseitig in das *quadratum incusum* eine Henne (*Rizzo 1946* XXI,3.4; *Kraay 1983*, Nr. 111–265), wie Kenneth Jenkins und Ulla Westermark rekonstruierten, in theronischer Zeit auch ein Astralagus (*Rizzo 1946* XXI,6; *BMC* 78,29.30; *Westermark 1999*, Nr. 126–129). Der Hahn bzw. die Henne sind Vögel des Asklepios, was nach der These Ettore Gabricis in Himera ein Hinweis auf die Heilquellen, die der Stadt gehörten, sein könnte.[49] Der Hahn war Verkünder des Tages (griech.: *hēmera*), an das man bei dem Stadtnamen Himera ebenfalls denken mochte.[50] Neben dem in der himeraischen Münzprägung seltener belegten Stadtnamen in Form von HIM und HIME (*BMC* 76,3.4; 77,20.21) tritt auch die Legendeninschrift IATON (*BMC* 77,23) auf, die nach einer sehr ungewissen Deutung, die Adolf Holm vornahm, ebenfalls ein Hinweis auf die Heilquellen darstellen könnte.[51] Die Fraktionen der Münzstätte sind in dem Typ Hahn bzw. Henne (Av) und *incusum* mit Windmühlenform (Rv) belegt (*Kraay 1983*, Taf. 15).

Mit den letzten Emissionen aus archaischer Zeit (Abb. 5.6) kam auf den nunmehr in zwei Nominalen, Drachmen und Didrachmen, emittierten

---

[49] E. Gabrici, *Topografia e numismatica dell'antica Imera (e di Terme)*, Neapel 1894, 29–32, im Folgenden *Gabrici* 1894. Die Diskussion über die Bedeutung des Hahnes zusammenfassend: L. Breglia, *Il gallo di Himera*, AIIN 16–17 suppl., 1971, 37–51, 46–47; Westermark, *Himera, The Coins of Akragantine type. 2*, wie Anm. 11, 428–430.

[50] Holm, *Geschichte Siciliens im Alterthum*, III, wie Anm. 2, 562.

[51] Vgl.: E.-J. Seltmann: *Über einige seltene Münzen von Himera*, ZfN 19, 1895, 165–182, 165, 175–176; Holm, *Geschichte Siciliens im Alterthum*, III, wie Anm. 2, 596; Kraay, *The archaic coinage of Himera*, wie Anm. 11, 17.

Münzen rückseitig die Krabbe akragantinischen Typs auf (*Rizzo 1946* XXI,5; *Westermark 1999*, Taf. 46–50). Dieser Kontinuitätsbruch wird gewöhnlich direkt auf die Einnahme der Stadt durch Theron von Akragas im Jahr 483 v. Chr. zurückgeführt,[52] wobei Ulla Westermark präzisiert, dass ein Vergleich der himeraischen und akragantinischen Münztypen die Einführung des Krabbentyps eher etwas später, um 482/0 v. Chr. annehmen lässt, noch während in Akragas die Gruppe III geprägt wurde, aber bevor dort die Gruppe IV aufkam.[53] In Himera umfassten die beiden Prägegruppen des akragantinischen Typs mit 15 Vorderseitenstempeln und 76 Rückseitenstempeln insgesamt 125 Stempelkoppelungen.[54] Die Legendeninschrift lautete fortan HIMEPA, bei den Didrachmen auf dem Avers (*BMC* 78,24–26; *Westermark 1999*, Nr. 2–106), bei den Drachmen auf dem Revers (*BMC* 78,27–28; *Westermark 1999*, Nr. 109–125), in selteneren Fällen, nämlich in der Drachmenserie mit rückseitigem Astralagus, auch HIMEPAION (*BMC* 78,29; *Westermark 1999*, Nr. 126–129). Beizeichen, wie sie in der akragantini-

---

[52] So etwa Kenneth Jenkins: «The Attic didrachm of Himera [...] together with the adoption of the Akragantine crab signalizes the new regime» (G. K. Jenkins, *Himera: The Coins of Akragantine Type*, AIIN 16–17 suppl., 1971, 21–36, 23–24). Vgl. ferner: Holm, *Geschichte Siciliens im Alterthum*, III, wie Anm. 2, 585; Rizzo, *Monete greche della Sicilia*, wie Anm. 11, 124; Kraay, *The archaic coinage of Himera*, wie Anm. 11, 15; Asheri, *Carthaginians and Greeks*, wie Anm. 1, 771.

[53] Vgl. die Argumentation bei: Westermark, *Himera, The Coins of Akragantine type. 2*, wie Anm. 11, 425–426. Auch der in Monte Iato verzeichnete Fund einer himeraischen Didrachme akragantinischen Typs in einem Wohnhaus, das um 480 v. Chr. zerstört wurde (Tusa Cutroni, *Presenza e funzioni della moneta nelle* chorai *delle colonie greche della Sicilia occidentale*, wie Anm. 48, 387), belegt deutlich, dass dieser Münztyp in Verbindung mit der Herrschaftszeit Therons über Himera steht. Für einen neueren Fund am Monte Iato vgl.: C. Reusser – J. Perifanakis – M. Mohr, mit einem Beitrag von A. Elsener, *Forschungen auf dem Monte Iato 2014*, AntK 58, 2015, 111–128, Taf. 19,4.

[54] Vgl. den Plan der Stempelkoppelungen bei: Westermark, *Himera, The Coins of Akragantine type. 2*, wie Anm. 11, 433–434.

schen Münzprägung in dieser Zeit üblich wurden, fehlen in Himera gänzlich. Diese Dissonanz stellt, wie unten zu sehen sein wird, einen Sachverhalt höchster Bedeutung dar, wenngleich er bislang in der numismatischen Forschung unbeachtet geblieben ist und auch nicht endgültig erklärbar ist. Die Übernahme der Krabbe auf der himeraischen Münzprägung stellt einen durchdringenden Einschnitt unter ikonologischen Aspekten dar. So erscheint das Wappenbild aus Akragas durchgehend in allen Emissionsreihen der Stadt. Das Motiv des Adlers fand im Gegensatz zu den anderen Städten, die zu dieser Zeit Münzen des akragantinischen Typs prägten, zu keinem Zeitpunkt Eingang in das himeraische Motivprogramm. Der vorderseitige Hahn verschwand in Himera nie und stellte als Wappenbild die Identitätswahrung der Polis sicher, wenngleich die Abhängigkeit von Akragas durch die Konsequenz, mit der die Krabbe rückseitig auftauchte, unterstrichen werden sollte.

Noch vor Anbruch der bürgerlichen Zeit ab 461 v. Chr. wurde in Himera die klassische Münzprägung mit den Tetradrachmentypen mit vorderseitiger Libationsszene und rückseitiger Quadriga (*Rizzo 1946* XXI,7.8.10–12) sowie den Didrachmentypen mit vorderseitigem Dioskuren und rückseitiger Nymphe aufgenommen.[55]

### 2.1.3 Selinous

Die Nachbarpolis von Akragas im Westen zeigt in ihrer numismatischen Motivlage keinerlei akragantinische Einflüsse (Abb. 7). Konstant während der gesamten archaischen Didrachmenprägung ist der Gebrauch

[55] In dem *IGCH* 2074 'Palermo (1893)', der nach Colin Kraay um 465 v. Chr. verschüttet wurde, liegen einige himeraische Tetradrachmen vor. Auch durch die frühere Datierung des *IGCH* 2076 'Sicily (1890)' die Colin Kraay auf etwa 465/60 v. Chr. vornahm, wäre mit den dort enthaltenen acht Tetradrachmen und zwei Didrachmen jüngerer Typologie der Erweis für die Datierung der Umstellung der Prägegruppen erbracht.

des *selinon*-Blattes, das als Wappen der Stadt galt. In der zweiten Gruppe nach *Arnold-Biucchi 1992* kam ab etwa 515/10 v. Chr. der Reverstyp mit einem zusätzlichen, auf der Rückseite im *quadratum incusum* befindlichen *selinon* (*Arnold-Biucchi 1992*, Nr. 9–11) hinzu, später begleitet von der Legende ΣΕΛΙ (*Rizzo 1946* XXXI,5.6; *Arnold-Biucchi 1992*, Nr. 12). Parallel zu diesen Didrachmen erfolgten in spätarchaischer Zeit auch Emissionen von Fraktionen aus Silber, immer nach dem reinen *selinon*-Reverstyp (*Arnold-Biucchi 1992*, Nr. 13–15).[56] Beizeichen fehlen in der gesamten archaischen Münzprägung der Stadt. In der Zeit um 480/70 v. Chr. ist eine Unterbrechung der Prägetätigkeit zu konstatieren, wobei bislang Erklärungen für dieses Phänomen fehlen.[57] Gegen Mitte des fünften Jahrhunderts wurde die Prägung von Didrachmen, etwas später von Tetradrachmen, unter Betonung der Flussgottheiten Selinon (*Rizzo 1946* XXXI,7–11.13.14.18.19) und Hypsas (*Rizzo 1946* XXXI,15–17) wieder aufgenommen.

Es folgen nun jene nichtgriechischen Städte, die während der emmenidischen Herrschaftszeit mit Sicherheit Münzen prägten.

### 2.1.4 Segesta

Die Aufnahme der Münzprägung setzt Giulio Rizzo nach stilistischen Kriterien deutlich früher als in den anderen nichtgriechischen Prägestätten, ab 490/80 v. Chr., an.[58] Die segestanischen Münztypen blieben 80–

---

[56] Zur Datierung vgl.: Arnold-Biucchi, *The Beginnings of Coinage in the West*, wie Anm. 11, 15; C. Arnold-Biucchi, *Litras en argent contremarquees en Sicile et les fractions de Selinonte*, in D. Berend – S. Hurter – C. Arnold-Biucchi (Hrsg.), *Pour Denyse: divertissements numismatiques*, Bern 2000, 177–185.

[57] Tusa Cutroni, *La monetazione di Selinunte*, wie Anm. 11, 159.

[58] Rizzo, *Monete greche della Sicilia*, wie Anm. 11, 283. Silvia Hurter datiert den Prägebeginn in Segesta auf etwa 475/70 v. Chr., ohne eine zufriedenstellende Antwort auf die Problematik der bis dato divergierenden Meinungen zum Prägebeginn zu liefern, vgl.: Hurter, *Die Didrachmenprägung von Segesta*, wie Anm. 11.

85 Jahre lang – von den 416/5 v. Chr. eingeführten Tetradrachmen abgesehen – in der Wahl der Hauptprägemotive gänzlich unverändert (*Rizzo 1946* LXI). Zumeist auf dem Avers bilden Drachmen wie Kleinmünzen als Frauenkopf die Nymphe Aigeste ab, die oft durch eine dünne, gestrichelte oder punktierte Kreislinie eingerahmt wird (*Rizzo 1946* LXI,1–3). Der anderen Münzseite, in den meisten Fällen dem Revers, entspricht ein Jagdhund,[59] der als Verkörperung des Krimisos-Flusses gilt und den Hinweis auf den mythenumwobenen Stammvater der Stadt liefert.[60] Segesta folgt mit dem Nymphenmotiv zwar zunehmend dem stilisti-

---

[59] Auf den Münzen wird der Hund – nach der auf die Didrachmen bezogenen Stempelabfolge Silvia Hurters – in einer Vielfalt an Formen dargestellt, zunächst als mit der Nase am Boden schnüffelnder Hund (*Hurter 2008*, Prägereihen 1–3), in klassischer Zeit als wachsamer, mit aufrechtem Kopf und gekurvt aufrechtem Schwanz stehender Hund (*Hurter 2008*, Prägereihen 4–8). In den Prägungen des letzten Jahrhundertdrittels entwickelt sich die Darstellung des Hundes zunehmend zu einem aktionsgeladenen Motiv, mit einem im Lauf befindlichen Hund mit deutlich ausgeprägten Muskelpartien, manchmal durch eine Gottheit begleitet, oder einem Hund, der gerade seine Beute frisst (*Hurter 2008*, Prägereihen 9–12). Diese Dynamik ist besonders auf den Kleinmünzen aus Silber und Bronze sehr ausdrucksstark dargestellt (*Hurter 2008*, Taf. 25.29). Bemerkenswert ist eine Prägung, die den aufrechtstehenden, zum Himmel ausgestreckten Kopf eines heulenden Hundes abbildet, wobei die offene Schnauze deutlich erkennbar ist (*Rizzo 1946* LXII,4).

[60] Rutter, *The mysterious Segestans*, wie Anm. 11. Die Darstellung eines in den Begrifflichkeiten Xenophons lakonischen Hundes (*canis laconicus*, Xen. *kyn.* 3–4), ähnlich einem Windhund wie dem in Sizilien verbreiteten Cirneco dell'Etna, mit Halsband stellt ein einheitliches Merkmal in der Münzprägung nichtgriechischer Städte im Nordwesten Siziliens dar und deutet, zumindest im Falle der autonom gebliebenen Elymerstädte Eryx und Segesta, die kollektive Gründungssage des elymischen Volkes, wie sie bei dem spätantiken Vergil-Kommentator Maurus Servius Honoratius wiedergegeben wird, an (Serv. *Aen.* 1,550).

schen Vorbild der Stadt Syrakous,[61] zeigt ansonsten aber einen ganz eigenen, von der übrigen sikeliotischen Welt gänzlich unbeeinflussten Stil und lässt mit dem Hundemotiv gleichzeitig Raum für – in den Worten Aldina Tusa Cutronis – «motivi nati in loco» und «creazioni originali che traggono motivo dal patrimonio religioso e culturale della città».[62] Damit schlägt die elymische Stadt im Gegensatz zu anderen zeitgenössischen nichtgriechischen Münzstätten einen gänzlich 'barbarischen' Weg ein. Ebenso belegt die in der vierten Prägereihe als Beizeichen zum vorderseitig abgebildeten Hund aufkommende Murexschnecke (*Hurter 2008*, Nr. 60–68) die Existenz von Reflektionen phönizisch-punischer Handwerkskunst im elymischen Kulturraum des Inselinneren.[63]

---

[61] Die Abbildung der Nymphe in den archaischen Prägungen Segestas (*Rizzo 1946* LXI,1–4) ist im Hinblick auf die Frisur sehr stark durch archaische Motive aus Syrakous (Vgl.: *Rizzo 1946* XXXIV,7–24) inspiriert. Im Haargeflecht entwickelten sich sehr bald auch eigene Motive, insbesondere durch Verwendung eines breiten Haarbandes (*Rizzo 1946* LXI,5.6.15). Zudem fehlen entgegen der reichen syrakusischen Nymphendarstellungen in vielen segestanischen Abbildungen Ohrringe und Halsketten. In der zweiten Jahrhunderthälfte wiederholte sich die Nachahmung syrakusischer Darstellungen: Prominent war die Darstellung der Haarrollenfrisur (*Hurter 2008*, Taf. 19,4) sowie der Krobylosfrisur (*Hurter 2008*, Taf. 19,3). In der letzten Prägereihe, Reihe 12 nach Silvia Hurter, wurden sehr deutlich syrakusische Vorbilder der Meister Sosion und Eumenes nachgeahmt (*Hurter 2008*, Taf. 16,185–187; Taf 19,10; vgl. dazu: L. O. Th. Tudeer, *Die Tetradrachmen von Syrakous in der Periode der signierenden Künstler*, Berlin 1913, Nr. 2,7). Zur Verwandtschaft segestanischer Aigesteköpfe mit Arethusaköpfen aus Syrakous vgl.: Hurter, *Die Didrachmenprägung von Segesta*, wie Anm. 11, 8, 22, 34, Taf. 19.

[62] A. Tusa Cutroni, Riflessioni sulla monetazione di Segesta ed Erice, in APARCHAI. Nuove ricerche e studi sulla Magna Grecia e la Sicilia antica in onore di P. E. Arias, Pisa 1982, 230–244, 241.

[63] Zur Purpurherstellung in den phönizisch-punischen Handwerkszentren: Strab. XVI 2,23; Plin. *nat.* IX 130–135.

Mal vorderseitig um den Nymphenkopf, mal rückseitig um das Hundeabbild herum befand sich das Ethnonym in der Form ΣΕΓΕΣΤΑΖΙΒΕΜΙ (*Hurter 2008*, Prägereihe 2, Nr. 22–24.29.30), zumeist allerdings ohne die letzten drei Buchstaben ΣΕΓΕΣΤΑΖΙΒ oder ΣΑΓΕΣΤΑΖΙΒ (*Hurter 2008*, Prägereihen 1–5.7–10, *passim*). Der Duktus der in Segesta ab der Wende zum fünften Jahrhundert vielfach verwendeten griechischen Schrift entspricht nach gängiger Meinung dem selinuntinischen Einfluss,[64] wobei elymische Lautregeln implementiert wurden, so etwa das als Aspirata fungierende *sigma*,[65] das als Anfangsbuchstabe des Ethnonyms ΣΕΓΕΣΤΑ verwendet wurde, im Gegensatz zu dem später durch die Griechen mit *Egesta* wiedergegebenen Ethnonym. Neben der elymischen Aspirata liefern auch das indigene, semantisch nicht geklärte Suffix -ΖΙΒ[66] und die Silbe -ΕΜΙ, die als mögliche Bedeutung dem griechischen εἰμί, also im Sinne von 'ich bin eine segestanische Münze', den Hinweis auf das Bestreben, elymische Identität in einem bislang nur durch griechische Münzprägung dominierten Markt darzustellen. Bisweilen treten in späterer Zeit auch die Varianten ΣΕΓΕΣΤΑΖΙΕ und ΣΕΓΕΣΤΑΖΙΑ (*Hurter 2008*, Nr. 180.181.196), deren Morphologie ebenfalls ungeklärt bleibt, auf.[67]

---

[64] Vgl.: Rizzo, *Monete greche della Sicilia*, wie Anm. 11, 284; M. Lejeune, *Observations sur l'épigraphie élyme*, in REL 47, 1970, 133–183, 138; Tusa Cutroni, *Riflessioni sulla monetazione di Segesta ed Erice*, wie Anm. 62.

[65] Zum Sigma als Anfangsaspirata im elymischen Lautsystem siehe: Lejeune, *Observations sur l'épigraphie élyme*, wie in Anm. 64, 137–138, 152–153.

[66] Zur Bedeutung der Silben -ΖΙΒ und -ΕΜΙ sowie der möglichen Substitution einer griechischen Schreibweise vgl. die Diskussion bei: Holm, *Geschichte Siciliens im Alterthum*, III, wie Anm. 2, 599–600; Lejeune, *Observations sur l'épigraphie élyme*, wie Anm. 64, 138–141, 165–167.

[67] Ab Mitte der vorletzten Dekade des fünften Jahrhunderts, anscheinend zuerst auf den Tetradrachmen, trat die griechische Schreibweise ΕΓΕΣΤΑΙΟΝ bzw. auch als Variante mit ionischem Omega ΕΓΕΣΤΑΙΩΝ auf; die griechische Schreibweise erscheint mal als alleiniges Ethnikon, mal parallel zu der vorderseitig un-

## 2.1.5 Motye

Die punische Münzstätte hat ein sehr vielfältiges Motivprogramm hervorgebracht. Bezüglich der Rekonstruktion des Münzkorpus bestehen nach wie vor viele Unsicherheiten.[68] Klar ist, dass Motye unter den pu-

---

veränderten Form ΣΕΓΕΣΤΑΖΙΒ (*Hurter 2008*, Nr. 149–196). Nach Silvia Hurter seien der Verzicht auf die Aspirate sowie das Erscheinen des ionischen Omegas auf den zunehmend stärker werdenden griechischen Einfluss auf die offiziellen Instanzen Segestas zurückzuführen; ab 420 v. Chr. käme kein anderer in Frage als die Athener, zu denen sich die Segestaner angesichts der militärischen Kleinkriege gewandt hatten (Hurter, *Die Didrachmenprägung von Segesta*, wie Anm. 11, 38–39). Darauf deutet mitunter auch die abweichende Schreibweise ΕΓΕΣΣΤΑΙΩΝ, die sich zuerst auf den Didrachmen (*Hurter 2008*, Nr. 182, 183) fand, hin. Das Doppel-Sigma kam häufig auf attischen Stelen vor und gehörte nach Leslie Threatte zum Regelwerk attischer Orthographie der Zeit (L. Threatte, *The Grammar of Attic Inscriptions. I. Phonology*, Berlin-New York 1980, 527); bereits vor der Orthographiereform des Archinos um 403/2 v. Chr., vereinzelt nach 430 v. Chr., regelmäßig aber nach 420 v. Chr., fand sich nach Leslie Threatte die neue Schreibweise zumeist in offiziellen Texten, die sich auf die Fremde bezogen, wieder: «All other Athenian state decrees in Ionic script before 403/2 deal with foreign states or persons» (A. a. O., 27–28).

[68] Ein erstmaliges Verzeichnis für Motye lieferte Adolf Holm (Holm 1898 102–109, 243–249), der sich weitestgehend auf den Katalog des British Museums (BMC 115,1–116,4; 243,1–245,17) stützte. Die Aufstellung einer ersten Typologie mit insgesamt 22 spätarchaischen und klassischen Silber- und Bronzeauflagen erledigte später Aldina Tusa Cutroni (Tusa Cutroni 1967, Nr. 1–22). Ihre Aufstellung wurde insbesondere im Hinblick auf die – von der gängigen Datierung abweichenden – archaischen Gorgoneion-Prägungen (Tusa Cutroni 1967, Nr. 1, 2) und dem frühen Zeitpunkt der Aufnahme der Tetradrachmenprägung während der emmenidischen Herrschaftszeit (Tusa Cutroni 1967, Nr. 4, 5) von Kenneth Jenkins (Jenkins 1971, Taf. 1,1–5,50; 23,1–14) widersprochen, wobei in diesen von Aldina Tusa Cutroni aufgeworfenen Detailfragen nach wie vor keine endgültige Klarheit erreicht wurde. Die unveränderte Neuveröffentlichung der Aufsätze Kenneth Jenkins im Jahr 1997 durch Silvia Hurter, die im Vorwort auf die nach wie vor be-

nischen Städten als erste die Münzprägung aufnahm.[69] Wenn Aldina Tusa Cutroni recht behält, sind die von ihr als archaisch klassifizierten *Gorgoneion*-Typen mit rückseitiger Palme und phönizischer Legendeninschrift מטוא (= Mtw') auf die Zeit vor 480 v. Chr. zu datieren (*Tusa Cutroni 1967*, Nr. 1.2; *Tusa Cutroni 1969*, Nr. 52–54). Von Aldina Tusa Cutroni unberücksichtigt blieb der *Gorgoneion*-Typ mit rückseitiger Krabbe und phönizischer Legendeninschrift מטוא (= Mtw'), der durch mehrere Sammlungsstücke der American Numismatic Society dokumentiert ist und bei dem es sich ungeachtet der dort für 420–396 v. Chr. erfolgten Datierung vermutlich um eine auf den soeben genannten *Gorgoneion*-Typ folgende Prägegruppe handeln könnte (*SNG ANS* 508 = ANS 1944.100.10041; *SNG ANS* 509 = ANS 1944.100.10041; *ANS* 1983.51.43; *ANS* 1983.51.43; *ANS* 2000.9.1). Unabhängig davon wird für die Münzen, die durch den Obolos-Typ mit vorderseitigem Adler, auf ionischem Kapitell stehend und eine Schlange im Schnabel haltend, und rückseitigem Delphin mit Muschel und Legende MOTVAION dargestellt werden (*Tusa Cutroni 1967*, Nr. 3; vgl.: *SNG ANS* 502 = *ANS* 1944.100.10037 = Abb. 8), gewöhnlich die Datierung auf die Zeit zwischen 480 und 460 v. Chr. und der starke Einfluss der immer noch auf der Höhe der Macht befindlichen Polis Akragas in den beiden Jahrzehnten nach der Schlacht von Himera anerkannt.[70]

---

stehende Gültigkeit der Ergebnisse verweist, erscheint angesichts der Grundverschiedenheiten zu Aldina Tusa Cutronis Rekonstruktion (1967) als nicht zufriedenstellend. Bei Giulio Rizzo (1946 LXV,4–10) sind die publizierten Silbernominale sehr unvollständig.

[69] Vgl.: Holm, *Geschichte Siciliens im Alterthum*, III, wie Anm. 2, 586. Adolf Holm betrachtete die Tetradrachmen aus der Zeit nach 461 v. Chr. als erste belegte Ausschüttungen: Er datierte den Obolos-Typ mit Adler und Delphin zudem auf die Zeit nach 461 v. Chr., unterstellte aber einen früheren Prägebeginn um 480 v. Chr., der bereits durch Akragas geprägt gewesen sein muss.

[70] Holm, *Geschichte Siciliens im Alterthum*, III, wie Anm. 2, 568f.; Tusa Cutroni, *Mozia: Monetazione e circolazione*, wie in Anm. 11, 100.

Die Didrachmen aus Motye wurden bislang nicht ordentlich datiert. Einige Exemplare zeigen mit vorderseitiger Darstellung des Frauenkopfes und rückseitiger Darstellung eines Dioskuren als *apobátes* (*BMC* 115,2.3; *Tusa Cutroni 1967*, Nr. 6) eine verblüffende Orientierung an syrakusische Tetradrachmen auf, wie sie auch in der Didrachmenprägung Segestas (*Rizzo 1946* LVII,8) und verschiedener anderer griechischer Münzstätten kurz nach Jahrhundertmitte vorliegt. Die Dioskurendarstellung auf dem Revers zeigt Annäherungen an eine himeraische Serie (*BMC* 115,2; *Rizzo 1946* XXI,9). Der Hund ist durchgehendes Element der Münzprägung Motyes, auf den Münzen – auch auf zahlreichen Didrachmen – mit punischer wie griechischer Legende gleichermaßen (*Tusa Cutroni 1967*, Nr. 7–14).[71] Hinsichtlich der Protome des menschenköpfigen Stieres sowie des galoppierenden Pferdes (*Tusa Cutroni 1967*, Nr. 15) müssen wir noch einmal in dem punisch-sikeliotischen Umfeld suchen, und zwar in Panormos (*BMC* 121,5) und in der Serie ZIZ (*BMC* 249,22–25). Eine bemerkenswerte Didrachmentypologie wird durch die Motivkoppelung Adler/ Krabbe mit Legendeninschrift **מוטוא** (= *Mwtw'*) dargestellt, die ebenfalls durch Aldina Tusa Cutroni unberücksichtigt blieb. Doch ein Sammlungsexemplar der American Numismatic Society belegt, ist dieser Münztyp aufgrund der wie

[71] Das Motiv ist bezeichnendes Element der Münzprägung in Segesta, Panormos, Eryx und der ZIZ-Serie. Nach der Sage hat der Flussgott Krimisos diese Gestalt angenommen. Dass der Hund in späterer Zeit in Agyrion und bei den Mamertinern, bei ersteren in der Legende des Iolaos, bei Letzteren wegen des Hadranos, auftaucht, steht nicht in Zusammenhang mit der punisch-elymischen Abbildung des Hundes, wenngleich es auch dort ein Verweis auf orientalische Verwicklungen ist. Im Allgemeinen ist das orientalische Element beim Hund anzunehmen, vgl.: Holm, *Geschichte Siciliens im Alterthum*, III, wie Anm. 2, 602; Tusa Cutroni, *Mozia: Monetazione e circolazione*, wie Anm. 11, 101–102. Ebenso unverkennbar punisches Motivelement stellt die Palme (lat.: *phoenix dactylifera*) dar: Sie kommt in fast der gesamten karthagischen Münzprägung in Sizilien und Sardinien vor und ist als Wappensymbol der Phönizier anzusehen, die damit Macht und Ruhm im Mittelmeerraum bekundeten.

bei der erykinischen Drachme auch (Siehe unten: Kap. 2.1.6) perfekt nach dem akragantinischen Vorbild erfolgten Prägung auf die dritte bis vierte Dekade der ersten Hälfte des fünften Jahrhunderts zu datieren, eben auf die Zeit, in der das Nominal der Didrachme die stärkste Verbreitung in Westsizilien fand (*SNG ANS* 500 = *ANS* 1944.100.10035 = Abb. 9).

Lange Zeit machte sich auf Motye auch der Einfluss aus Akragas spürbar. Die Tetradrachmen mit Adler auf der Vorderseite und Krabbe mit dem Stadtnamen als Legende in vollständiger Schreibweise מוטוא (= *Mwtw'*) auf dem Revers (*BMC* 243,1; *Holm 1898* 105; *Tusa Cutroni 1967*, Nr. 4.5; *SNG ANS* 499 = *ANS* 1973.205.4) sowie der Münztyp mit weiblichem Kopf und vier Delphinen auf der Vorderseite und Krabbe auf der Rückseite (*SNG ANS* 501 = *ANS* 1944.100.78639) sind auf die bürgerliche Zeit zu datieren, werden nach der gängigen Meinung auf das unmittelbare Nachwirken des theronischen Einflusses in Westsizilien zurückgeführt. [72] Noch nach Ende des fünften Jahrhunderts sind durch Fundstücke vom Monte Erice motyanische Bronzemünzen mit der Motivkoppelung einer Nymphengestalt nach dem Vorbild Arethusa auf dem Avers und des typischen Reversmotivs der Krabbe (*Tusa Cutroni 1969*, Nr. 55–57; *SNG ANS* 510 = *ANS* 1944.100.10043 und *SNG ANS* 1356 = *ANS* 1987.32.138) belegt. Eine Kleinmünze aus Bronze, aus dem Fundus der American Numismatic Society, bildet sogar auf Avers und Revers jeweils eine Krabbe ab (*SNG ANS* 1357 = ANS 1987.32.139).

---

[72] Holm, *Geschichte Siciliens im Alterthum*, III, wie Anm. 2, 569; Tusa Cutroni, *Mozia: Monetazione e circolazione*, wie Anm. 11, 98, 102. Den Obolos mit Adler (Av) und Delphin (Rv) nicht auf die Zeit 480/60 v. Chr. datierend, geriet Adolf Holm in Erklärungsnot, hinsichtlich der Frage, wie der Einfluss durch Akragas denn seinen Anfang gefunden habe: «Eben wegen dieser langen Dauer des Einflusses von Akragas auf Motye dürfen wir aber wohl annehmen, dass derselbe entstanden ist, als Akragas am mächtigsten war, das heißt unter Theron.» (Holm, *Geschichte Siciliens im Alterthum*, III, wie Anm. 2, 569).

### 2.1.6 Eryx

Zeitgleich mit dem Adlermotiv auf den Kleinmünzen aus Motye werden während der Phase der größten Expansion von Akragas, zwischen 480 und 472 v. Chr. in Eryx sowohl Großnominale als auch Fraktionen nach akragantinischem Typenvorbild emittiert.[73] Als Drachme wird das Vorbild aus Akragas nicht nur mit der von dort selbst bekannten Kopplung von vorderseitigem Adler und rückseitiger Krabbe, sondern auch in der künstlerischen Ausgestaltung, etwa beim wachsamen Adler mit geschlossenen Flügeln und der Einbindung des ionischen Kapitells auf dem Avers, imitiert (*Rizzo 1946* LXIV,1). Es findet sich vorderseitig zudem das Ethnikon in – wohlgemerkt – griechischer Schreibweise ΕΡΥΚΙΝΟΝ (*Rizzo 1946* LXIV,1). Eryx bildet nicht nur von allen Münzstätten der Zeit das nach der Klassifikation von Kenneth Jenkins als Gruppe IV bezeichnete Original aus Akragas (*Jenkins 1970* 37,15–20) im Avers und Revers am vollkommensten ab, sondern zeigt eine im Allgemeinen durchdringende griechische Beeinflussung auf. Parallel betraf die Aufnahme des akragantinischen Vorbilds auch die erykini-

[73] Adolf Holm unterstellte, wenn auch er die ersten bekannten Typen aus Eryx auf die bürgerliche Zeit datierte, einen Prägebeginn mit ähnlichen, durch theronische Typen inspirierte Münzen ab etwa 480 v. Chr.: Holm, *Geschichte Siciliens im Alterthum,* III, wie Anm. 2, 568–569. Eine Datierung der akragantinischen Typen auf den 'Period of Archaic Art' wird vorgenommen bei: *BMC* 61,1–3. Vgl. ferner die Datierung auf die Zeit zwischen 480 und 472 v. Chr. bei: Zodda, *Contributo alla storia della monetazione di Erice nel V sec. a. C.*, wie Anm. 11, 5–6; Tusa Cutroni, *Riflessioni sulla monetazione di Segesta ed Erice*, wie Anm. 62, 243–244; A. Tusa Cutroni, *Le emissioni frazionarie di argento di Erice. Finalità di una ricerca*, in *Atti delle Seconde giornate internazionali di studi sull'area elima (Gibellina, 22-26 ottobre 1994)*, Pisa-Gibellina 1997, 415–428. Eine frühe Datierung bezweifelt ohne nähere Begründung: Rizzo, *Monete greche della Sicilia*, wie Anm. 11, 293. Daniela Zodda unterstellte vor den akragantinischen Typen bereits eine erykinische Münzprägung ab 490 v. Chr., die sich nach Selinous orientierte: Zodda, *Contributo alla storia della monetazione di Erice nel V sec. a. C.*, wie Anm. 11, 4–5.

schen Kleinnominale, alle nach der einschlägigen Koppelung von Adler und Krabbe und griechischem Ethnikon ΕΡΥΚΙΝΟΝ (*BMC* 61,2.3; *Tusa Cutroni 1969*, Nr. 8.9; *SNG ANS* 1340 = *ANS* 1944.100.8414 = Abb. 10; *SNG ANS* 1341 = *ANS* 1944.100.8415). Ein unveröffentlichtes Stück nahm Aldina Tusa Cutroni in der Münzkammer vom Monte Erice in den Blick. Es bezeugt einen weiteren, aus Hippana und Motye bekannten Münztyp, der einen nach links orientierten Adler auf Kapitell und zusätzlichem Efeublatt in der freien Fläche rechts vom Adler abbildet, während auf dem Revers ein Delphin mit Muschel und Legende ΡΥ abgebildet ist.[74]

Erst nach Beendigung der Emissionen des akragantinischen Typs geht die erykinische Münzprägung zu den klassischen Motiven der punisch-elymischen *koiné* über und manifestiert fortan einen starken Einfluss durch Segesta: Didrachmen, Tetradrachmen und Fraktionen zeigen neben der für Eryx wichtigen Aphrodite in einer Libationsszene auf dem Revers den Hund als bezeichnendes nichtgriechisches Element (*Rizzo 1946* LXIV,2–11).[75] Das Ethnikon erscheint nach elymischen Lautgesetzen als IRYKAZI bzw. IRYKAZI[B] (*Holm 1898* 96.97; *Tusa Cutroni 1969*, Nr. 18), in einer Serie, die von Aldina Tusa Cutroni auf das erste bürgerliche Jahrzehnt 460–450 v. Chr. verortet wurde, sogar in Kombination mit ΣΕΓΕΣΤΑΙΟΝ (*Holm 1898* 95a; *Tusa Cutroni 1997*, Taf. LXV,4), was die enge Verbindung der beiden elymischen Städte in nachemmenidischer Zeit belegt.

Einen herausfordernden Fund, der die Frage nach dem Prägebeginn in Eryx neu aufwirft, diskutiert Daniela Zodda.[76] Es handelt sich um ein bislang nicht veröffentlichtes *hemilitron* aus dem Bestand des British Museums (Inv. Nr. 1949,0201.1), das mit dem *selinon* auf dem Avers und Knospenblüte auf dem Revers identisch mit der letzten künstlerischen

[74] Tusa Cutroni, *Mozia: Monetazione e circolazione*, wie Anm. 11, 101, mit Anm. 1.

[75] Rizzo, *Monete greche della Sicilia*, wie Anm. 11, 292–293.

[76] Zodda, *Contributo alla storia della monetazione di Erice nel V sec. a. C.*, wie Anm. 11, 4–5.

Gestaltungsstufe der selinuntinischen Kleinmünzen der Gruppe II nach *Arnold-Biucchi 1992* aus der Zeit 500–480 v. Chr. ist.[77] Die Legende ΕΡΥΚΙΝΟ auf dieser Münze selinuntinischen Typs soll nach Daniela Zodda das ansonsten in der Forschung bereits konstatierte Interesse der Polis Selinous an dem Heiligtum in Eryx in der Zeit vor der Schlacht von Himera deutlich machen, also noch bevor Akragas effektiv nach der Hegemonie im Westen der Insel zu streben begann. Erst mit der 480 v. Chr. einsetzenden zweiten Prägegruppe seien nach Daniela Zodda die oben bereits behandelten akragantinischen Typen eingeführt worden, was den Übergang der Stätte von der selinuntinischen in die akragantinische Interessensphäre markierte.[78]

Der vorausgegangene Überblick macht deutlich, dass die Münzprägung der als gemeinschaftliches elymisch-griechisches Kultzentrum fungierenden Stadt Eryx[79] den Einfluss aus Akragas auf vielseitige und durchdringende Weise zu realisieren vermochte. Die Übernahme sowie der später wiederum erfolgte Abwurf der akragantinischen Typologie gestalteten sich im Falle von Eryx als deutliche Brüche, wobei ersterer polarisierend erscheint, etwa dadurch, dass keine Parallelität von akragantinischem und orientalischem Stil toleriert war.

Es folgen nun einige Städte, für die die Münzprägung in emmenidischer Zeit gewöhnlich angenommen wird, wenngleich diese zeitliche Verortung bislang nicht mit Sicherheit belegt werden konnte.

---

[77] Für Belegstücke siehe: Arnold-Biucchi, *The Beginnings of Coinage in the West*, wie Anm. 11, Nr. 13–15.

[78] Zodda, *Contributo alla storia della monetazione di Erice nel V sec. a. C.*, wie Anm. 11, 5–6.

[79] A. M. Bisi, Catalogo del materiale archeologico del Museo Civico A. Cordici di Erice, SicA 2,8, 1969, 7–13, 8.

### 2.1.7 Hippana

Die Stadt wurde auf die Montagna dei Cavalli bei dem Ort Prizzi verortet.[80] Der einzige bekannte Münztyp wird durch eine Kleinmünze mit vorderseitigem Adler auf ionischem Kapitell und dem Ethnikon in griechischer Schrift HIPANATAN sowie rückseitigem Delphin mit Muschel (*Holm 1898* 122) dargestellt. Adolf Holm wollte diese – wie die vergleichbaren Belegstücke aus Eryx und Motye auch – erst auf die bürgerliche Zeit datiert sehen, wenngleich er die Prägeaufnahme auch im Falle von Hippana grundsätzlich auf die Zeit nach 480 v. Chr. als realistisch ansah. Diese sei auf die durch die Niederlage der Karthager erlangte Freiheit dieser kleinen Stadt zurückzuführen, die sich «im Bewusstsein ihrer Selbstständigkeit»[81] – zumindest für kurze Zeit – eine eigene bescheidene Münzprägung erlaubte, bevor sie dann unter den Einfluss anderer Städte geriet. Angesichts der für Eryx und Motye inzwischen belegten Prägeaktivität in emmenidischer Zeit darf der in Hippana vertretene Münztyp auch auf die Dekade 480–470 v. Chr. datiert werden. Bezüglich des typologischen und stilistischen Charakters der Kleinmünze aus Hippana wurde durch Aldina Tusa Cutroni die verblüffende Gleichheit zu dem oben besprochenen zeitgenössischen Münztyp aus Motye sowie eine starke Ähnlichkeit mit dem Münztyp aus Eryx bestätigt.[82]

### 2.1.8 Panormos

Nach dem bisherigen Stand wurde die Münzprägung in Panormos bald nach 461 v. Chr. in Form der Tetradrachme mit vorderseitigem Kopf des Apollon und rückseitiger Quadriga (*Holm 1898* 110) und der Didrachme

---

[80] S. Vassallo, Montagna dei Cavalli - Hippana, in F. Spatafora – S. Vassallo (Hrsg.), Das Eigene und das Andere. Griechen, Sikaner und Elymer. Neue archäologische Forschungen im antiken Sizilien, Palermo 2004, 145–157.

[81] Holm, *Geschichte Siciliens im Alterthum,* III, wie Anm. 2, 604.

[82] Tusa Cutroni, *Mozia: Monetazione e circolazione*, wie in Anm. 11, 100–101.

mit vorderseitigem weiblichem Kopf und rückseitigem Hund (*Holm 1898* 111) aufgenommen. Auch die Kleinnominale zeigen mit einem Flussgott und einer Stierprotome (*Holm 1898* 112) sowie Poseidon und einem Jüngling auf menschenköpfigem Stier sitzend (*Holm 1898* 113) eine deutlich griechische Motivlage. Andere Datierungen bleiben deutlich ungenauer, so etwa die Datierung im *BMC* (121, 1–5) auf den 'Period of Transition' (479–412 v. Chr.), oder verlagern die Münzprägung gar auf die die Zeit nach 415/10 v. Chr., wie etwa bei Kenneth Jenkins.[83] Insgesamt herrscht zur Münzprägung in Panormos trotz der in den 1970er und 1980er Jahren erfolgten Forschungsbeiträge von Kenneth Jenkins und Aldina Tusa Cutroni viel Unklarheit, was mitunter den vielen offenen Fragen in Bezug auf die ZIZ-Reihe geschuldet ist.[84]

### 2.1.9 Entella

Die Münzprägung dieser Stadt, die sich im nördlichen Grenzbereich der selinuntinischen *chōra* befand, ist im Bereich der Kleinnominale aus Silber nach Adolf Holm (*Holm 1898* 114.115) und Giuseppe Cavallaro (*Cavallaro 1956*, Nr. 1–5) erst in der Zeit nach dem Tyrannensturz, weitestgehend in der zweiten Hälfte des fünften Jahrhunderts, belegt,[85] während die betroffenen Münztypen im Katalog des British Museums (*BMC* 60,1.2) als archaisch datiert wurden. Durch die Darstellungen des Herakles (*Holm 1898* 115), der in Selinous ganz besonders verehrt wurde, sowie der Libationsszenen mit rückseitiger anthropomorpher Stiergestalt (*Holm 1898* 114), offenbart die entellinische Münzprägung einen

---

[83] Jenkins, *Coins of Punic Sicily*, wie Anm. 11, *passim*.

[84] Vgl. für Kenneth Jenkins Meinung der Entsprechung der ZIZ-Serie und Panormos: Jenkins, *Coins of Punic Sicily*, wie Anm. 11, 27–31; für eine Übersicht der Forschungsmeinungen: A. a. O., 24.

[85] Holm, *Geschichte Siciliens im Alterthum*, III, wie Anm. 2, 602; G. Cavallaro, *Entella elimica e le sue monete*, AIIN 3,3, 1956, 39–42, 40.

gänzlich an die selinuntinische Münzprägung angelehnten Stil (*Holm 1898* 84; *Rizzo 1946* XXXI,7–19).

Erst auf die Zeit der karthagischen Epikratie wurden die Münzen aus zwei weiteren Städten verortet, wobei auch hier eine frühere Prägeaufnahme angesichts der lückenhaften Forschungslage nicht auszuschließen ist.

### 2.1.10 Solous

Die Münzprägung der unter karthagischer Kontrolle stehenden Stadt Solous wird auf die letzten beiden Dekaden des fünften Jahrhunderts verortet. Vorbilder lieferten die syrakusische Tetradrachme durch die Motive des Nymphenkopfes und der Quadriga (*Jenkins 1971a*, Taf. 22,X) sowie die selinuntinische Münzprägung mit dem Heraklesabbild und der bei Libation befindlichen Flussgottheit (*Jenkins 1971a*, Taf. 23,15).

### 2.1.11 Nakone

Die Stadt ist im erweiterten nördlichen Umfeld Entellas zu suchen, was durch die gemeinsame Nennung in den Bronzetafeln von Entella sowie durch Funde von hellenistischen Münzen aus Nakone im Umland von Solous belegt ist.[86] Archäologisch ist die Stätte nach wie vor nicht verortet, auch scheint sie nach bisherigen Kenntnissen im fünften Jahrhundert, also bevor sie durch kampanische Söldner besiedelt wurde, keine wesentliche politische Bedeutung gehabt zu haben.

Der Stadt wird für das vierte Jahrhundert eine Münze akragantinischen Stils zugeschrieben (*Holm 1898* 367), und zwar eine bei Robert Holloway als Silberlitra bezeichnete Münze mit linksorientiertem Adler auf Kapi-

---

[86] Holloway, *Le monetazioni di Agyron, Aluntion, Entella, Hipana, Nakone, Stiela*, wie Anm. 11; D. Asheri, *Osservazioni storiche sul decreto di Nakone*, ASNP, Ser. 3,12, 1982, 1033–1045.

tell (Av) und Delphin (Rv) und Legendeninschrift NA.[87] Bei Friedrich Imhoof-Blumer war die Münze auf die Anfänge des vierten Jahrhunderts datiert worden.[88] Ob dieser Münztyp, der in einem einzigen, bislang nicht ordentlich publizierten Fundstück belegt ist, nicht doch ein analoger Fall zu den in emmenidischer Zeit geprägten Kleinmünzen ist und zurückdatiert gehört, bleibt bis zur ordentlichen Begutachtung sowie bis zum Fund vergleichbarer Stücke offen, stellt jedoch eine nicht von der Hand zu weisende Vermutung dar.

Die vorausgegangene Rekonstruktion des Motivpanoramas zeigt drei wesentliche Formen der zeitgenössischen Beeinflussung durch das Vorbild von Akragas:

| | A | B | C |
|---|---|---|---|
| Avers | Lokales Wappenbild/ Motiv der Wahl | Adler | Adler |
| Revers | Krabbe | Motiv der Wahl, i. d. R. Delphin | Krabbe |
| Fälle | Himera (Didrachmen, Drachmen), Motye (Silberlitren) | Motye, Eryx, Hippana (Silberlitren) | Eryx (Drachmen, Silberlitren), Motye (Didrachmen) |

**Tab. 1: Motivpanorama in emmenidischer Zeit (490/89–471 v. Chr.).**

In der nach-emmenidischen Zeit machte sich das Nachwirken der emmenidischen Münzprägung durch zwei analoge Formen der Motivkoppelung in Motye bemerkbar:

[87] Holm, *Geschichte Siciliens im Alterthum,* III, wie Anm. 2, 667. Robert Holloway nimmt die Zuschreibung ohne Einwand an: Holloway, *Le monetazioni di Agyron, Aluntion, Entella, Hipana, Nakone, Stiela,* wie Anm. 11, 144.

[88] F. Imhoof-Blumer, Zur Münzkunde Grossgriechenlands, Siciliens, Kretas etc. Mit besonderer Berücksichtigung einiger Münzgruppen mit Stempelgleichheiten, NZ 18, 1886, 205–286, 259, Taf. VII,7.

| | A' | B' | C' |
|---|---|---|---|
| Avers | Motiv der Wahl/ Krabbe | Adler | Adler |
| Revers | Krabbe | Delphin | Krabbe |
| Fälle | Motye (Tetradrachmen, Bronzenominale) | -/- | Motye (Tetradrachmen) |

**Tab. 2: Nachwirken der emmenidischen Münzprägung im 5. Jh. v. Chr.**

Die zeitgenössische Beeinflussung des Motivpanoramas durch das akragantinische Vorbild orientierte sich nach gängigen Paradigmen, die man nun zu definieren vermag. Denn die Zuweisung der Embleme erfolgte in Abhängigkeit zur Wichtigkeit der Stadt, ihrer politischen oder strategischen Rolle im Zuge des Expansionsstrebens der Emmeniden und der Integrität des Rufes, den die Stadt in der emmenidischen Herrschaftsauslegung genoss. Die Tatsache, dass diese Typologien in den emblematischen Orientierungen der Stadt Motye auch in postemmenidischer Zeit fortdauerten, unterstreicht die Relevanz dieser programmatischen Zuschreibungen.

## 2.2 Die Nominalsysteme

Vor der Schlacht von Himera im Jahr 480 v. Chr. emittierten in Westsizilien nur vier Städte Großnominale, sprich Didrachmen und Drachmen: Neben Selinous, Himera und Akragas auch das elymische Segesta. Die drei griechischen Poleis hatten sich zum Zeitpunkt der Aufnahme ihrer Münzprägung, im Verlauf der zweiten Hälfte des sechsten Jahrhunderts nach unterschiedlichen Münzfüßen orientiert: Die Münzen der Stadt Himera lagen mit ihrem Gewicht, wie in Naxos auch, bei 5,6/5,8 g, was als Entsprechung zur chalkidischen Drachme gesehen wird.[89] Selinous hatte in der Anfangsphase besonders schwere Statere von 8,5/9 g Gewicht geprägt, die gewöhnlich entweder als Didrachmen nach euböisch-attischem System, also als zwei Drachmen der 4,3 g betragenden attischen Drachme, oder als Tridrachme in Übereinstimmung mit dem korinthischen Münzfuß, der ein Drachmengewicht von 2,8 g hatte, angesehen werden.[90] Akragas brachte dagegen, genauso wie Kamarina und Gela auch, Münzen von einem ähnlichen Münzfuß wie Selinous um 8,5 g heraus, die aufgrund des gedrungenen Münzkuchens und des späteren Prägebeginns als Didrachmen nach attischem Münzfuß anzusehen sind.[91] Letzterem folgte auch Syrakous mit der Prägung von Tetradrachmen, die sich bei etwa 17,0/17,4 g einpendelten. Diese Nominale blieben im Grunde die ganze archaische Zeit hindurch bis zur Schlacht von Himera bestehen.[92] In Selinous kam offenbar gegen Ende der archa-

---

[89] Kraay, *The archaic coinage of Himera*, wie Anm. 11, 19; Macaluso, *La Sicilia e la moneta*, wie Anm. 11, 54. Vgl. zum *status quaestionis* im Folgenden: G. K. Jenkins, *Coins of Greek Sicily*, London 1976²; N. K. Rutter, *Greek Coinages of Southern Italy and Sicily*, London 1997; Macaluso, *La Sicilia e la moneta*, wie Anm. 11.

[90] Vgl.: A. Tusa Cutroni, *Il ruolo di Selinunte agli inizi della monetazione in Sicilia*, SicA 15, 1982, 27–30, 30; Carbè, *Note sulla monetazione di Selinunte*, wie Anm. 11, 9; Macaluso, *La Sicilia e la moneta*, wie Anm. 11, 51. Für die Beeinflussung durch das korinthische Nominal sprechen nach der *communis opinio* neben der Übereinstimmung des Münzgewichtes auch die intensiven Handelsbeziehungen von Selinous zu Korinth sowie die nah am korinthischen Vorbild orientierte Prägetechnik mit flachem Münzkuchen. Nicht zuletzt ließ der archaische Hortfund *CH* VIII,35 'Selinunte 1985' mit der Vergesellschaftung zahlreicher Münzen aus beiden Städten die Anlehnung an das ternäre System Korinths als wahrscheinlicher gelten.

[91] G. K. Jenkins, *Ancient Greek Coins*, London-Fribourg 1972, 72.

[92] Die einzige Besonderheit wird dadurch dargestellt, dass die zunächst sehr schwer geprägten selinuntinischen Statere sich in der Gruppe II nach Carmen Arnold-Biucchi allmählich auf den Gewichtsbereich um 8,5 g einpendelten, was als mögli-

ischen Münzprägung eine Emission von Drachmen, die durch ein Fundstück von 4,15 g belegt ist (*Carbè 1986*, Taf. II,13), hinzu.

Für die Prägung der eigenen Statere ab der zweiten Dekade des fünften Jahrhunderts fiel in Segesta wohl unter dem Einfluss von Selinous die Wahl auf die Didrachme, die wie in Selinous und Akragas auch nach dem euböisch-attischen Münzfuß geprägt wurde: Die segestanischen Münzgewichte nehmen innerhalb der Streudifferenz, die von 6,4 g bis 8,8 g reicht, die höchste Häufung bei 8,1–8,5 g ein. Kurze Zeit nach Segesta, vermutlich bald nach 480 v. Chr., nahmen Eryx und Motye als nächste Städte die Prägung von Großnominalen auf. Bei dem Stater aus Eryx handelte es sich um eine Drachme, die eher selten belegt ist, beispielsweise im British Museum in einem 4,1 g (*BMC* 61,1) betragenden Exemplar. Die in der Sammlung der American Numismatic belegte motyanische Didrachme mit der Koppelung Adler/Krabbe und dem Gewicht von 7,59 g ist auf die beiden Dekaden 480–460 zu datieren, vermutlich eher früher als später (*SNG ANS* 500 = *ANS* 1944.100.10035). Damit entsprach die Münzprägung von Eryx und Motye dem von Selinous und Akragas aus gesetzten süd- und südwestsizilischen Währungsraum. Erst in bürgerlicher Zeit erfolgte der Übergang zu Didrachmen und Tetradrachmen, die sich nach dem allgegenwärtigen euböisch-attischen Münzfuß richteten.[93]

In Motye sind, von der Didrachme akragantinischen Typs angesehen, weitere Großnominale erst auf die Zeit nach 461 v. Chr. zu datieren. Die Tetradrachmen mit akragantinischer Motivtypologie, also Adler und Krabbe, sind in nur wenigen Exemplaren belegt und liegen bei 16,7–17,2 g (*Tusa Cutroni 1967*, Nr. 4.5). Die Didrachmen mit Frauenkopf und Dioskuren- bzw. Hundeabbild sind dagegen zahlreich belegt und liegen im

che Anpassung an den attisch-euböischen Münzfuß angesehen wurde, vgl.: Carbè, *Note sulla monetazione di Selinunte*, wie Anm. 11, 9.

[93] Tusa Cutroni, *Riflessioni sulla monetazione di Segesta ed Erice*, wie Anm. 62, 239.

Bereich 7,5–8,5 g (*Tusa Cutroni 1967*, Nr. 6–14). Ebenfalls aus bürgerlicher Zeit, wohlgemerkt, mit allen oben erläuterten Ungewissheiten in Bezug auf die Datierung, sind aus Panormos Tetradrachmen im Bereich von 17,2 g (*BMC* 121,1) sowie Didrachmen im Bereich von 8,4/8,5 g bekannt (*BMC* 121,2–4).

Gemeinsam mit Akragas und Gela bildeten Selinous sowie die Städte Segesta und Eryx eine monetäre *koiné* im südlich-südwestlichen Bereich der Insel, im Gegensatz zu Himera und den anderen chalkidischen Städten wie Messana und Naxos. Dieser Währungsverbund hatte seine Stärke darin, dass Schnittmengen zum korinthischen Münzfuß ebenso wie zum euböisch-attischen Münzfuß gleichermaßen gegeben waren. In Sizilien genoss dieses System in der ausgehenden Archaik über wachsende Popularität, was letztendlich mit der zunehmenden Durchsetzung des attisch-euböischen Münzfußes im gesamten Mittelmeerraum korrelierte. Die Entscheidung für die Didrachme im Falle von Segesta ab 490 v. Chr. stand wohl unter dem Einfluss der Stadt Selinous,[94] zu der in archaischer Zeit enge Kultur- und Handelskontakte bestanden.[95] Elymische Städte, vor allem Segesta, haben früher als die phönizischen Nachbarn die Prägung von Großnominalen aufgenommen, wobei unter den punischen Städten Motye – zumindest in Form von Kleinmünzen – deutlich früher als Panormos und Solous anfing, so dass hier der Einfluss ebenfalls sehr stark vom Nachbarn Selinous ausgegangen sein wird.

Mit der Ausbreitung der emmenidischen Einflussmacht ab 483 v. Chr. wurde auch das Münznominal mitgeführt. In der Zeit nach der Einverleibung Himeras in das Herrschaftsgebiet der Stadt Akragas wechselte nicht nur das Standardnominal von der Drachme zur Didrachme, auch

---

94 A. a. O., 239–240.

95 Vgl.: L. Agostiniani: *Iscrizioni anelleniche di Sicilia. 1. Le iscrizioni elime*, Florenz 1977; J. de la Genière: *Ségeste et l'hellénisme*, Rom 1978; J. de la Genière – v. Tusa: Saggio a Segesta. Grotta Vanella (ottobre 1977), SicA 11,37, 1978, 10–29.

wurde der Wechsel vom chalkidischen zum euböisch-attischen Münzfuß vollzogen.[96] Der Gruppe I nach Kenneth Jenkins und Ulla Westermark gehörten Didrachmen mit einer Häufung im Bereich von 8,0/8,5 g (*Westermark 1999*, Nr. 1–23) und in zwei Auflagen emittierte Drachmen mit einer Häufung bei 3,9/4,0 g (*Westermark 1999*, Nr. 108–125) an, während der Gruppe II nur noch Didrachmen mit einer Häufung im Bereich von 8,5 g (*Westermark 1999*, Nr. 24–107) angehörten. Mit der Umstellung auf den attischen Münzfuß und der schrittweisen Ablösung der Drachme zugunsten der Didrachme als Nominal war im Westen der Insel ein geschlossenes auf der Didrachme basierendes System geschaffen worden, mit dem die anderen chalkidischen Städte im Osten der Insel, etwa Messana und Naxos, nur durch die Einführung von Tetradrachmen um die 17/17,5 g korrespondierten. Der Einstieg Motyes in bürgerlicher Zeit erfolgte schließlich auch direkt nach attisch-euböischem Münzfuß.

## 2.3 Distributionsanalyse

Die Forschungen zur Verbreitung des Münzmaterials im Raum sind in den letzten Jahren in der auf Sizilien und Italien bezogenen numismatischen Forschung mehrfach aufgenommen worden, was zu ersten grundlegenden Publikationen geführt hat.[97] Für unsere Betrachtung ist der Blick besonders auf Hortfunde, die Münzen aus Akragas der Gruppen III und IV (ca. 483–478 v. Chr.) sowie auch Münzen des akragantinischen Typs aus Himera nach Jenkins 1971b (483–472 v. Chr.) hervorgebracht

---

[96] Jenkins, *Himera: The Coins of Akragantine Type*, wie Anm. 52, 23–24.

[97] Vgl. dazu den Tagungsband AIIN 51, 2004, mit seinen zahlreichen Beiträgen zur Magna Graecia und im Einzelnen auch zu Himera, Westsizilien und Gesamtsizilien, die im Folgenden zitiert werden. Auch auf institutioneller Ebene ist die Abteilung für Numismatik der Universität Messina mit der Erfassung und Analyse der Münzfunde in Sizilien befasst. Darüber hinaus ist noch das Werk Suzanne Frey-Kuppers (2013) zu berücksichtigen, das ausgehend von den Fundmünzen vom Monte Iato eine Aufzeichnung einiger Tausender Streufunde aus ganz Sizilien als echte Pionierleistung bewerkstelligte.

haben, zu richten. Es sind zu unserem Glück einige Münzhorte aus unserem Betrachtungszeitraum ans Tageslicht gekommen (Abb. 2).

### 2.3.1 Hortfunde

Der erste Fund wird durch den *IGCH* 2072 'Himera?, 1892' dargestellt, dessen genauer Fundort nicht bekannt wurde, jedoch wegen der hohen Zahl himeraischer Münzen auf das Umfeld der Stadt anzunehmen ist.[98] Von den 33 Münzen aus Himera sind neben dem weitaus größeren Anteil früherer Drachmentypen auch vier Didrachmen des akragantinischen Typs der Gruppe II nach Jenkins 1971b vorhanden, wobei mit den Aversstempeln 013 und 015 auch die letzten Emissionsreihen vertreten sind.[99] Der Verschüttungszeitpunkt konnte von Aldina Tusa Cutroni unter Verweis auf die spätarchaischen selinuntinischen Typen nur vage auf die Zeit um 470 v. Chr. verortet werden.[100]

Eine Reihe Hortfunde mit Münzen aus Himera und Akragas sind interessanterweise im Umfeld von Gela getätigt worden. Von großer Bedeutung für die Zeit vor der Schlacht von Himera ist der Hortfund *IGCH* 2066 'Gela, 1956'. Unter den 410 Didrachmen aus Akragas gehören, von früheren Prägungen abgesehen, 251 der Gruppe III an, wobei 10 unterschiedliche Stempelkopplungen der Gruppe III vertreten sind, die letzten Emissionsreihen fehlen gänzlich, so dass die gängige Datierung des Verschüttungszeitpunktes auf die Zeit um 485 v. Chr. oder wenige Jahre später, jedoch noch vor 480 v. Chr., plausibel erscheint.[101] Der Hortfund

---

[98] So die nachvollziehbare Schlussfolgerung bei: Jenkins, *Himera: The Coins of Akragantine Type*, wie Anm. 52, 30.

[99] Ebenda.

[100] A. Tusa Cutroni: *Il medagliere del Museo Nazionale di Palermo*, AIIN 3, 1956, 205–212, 207.

[101] Jenkins, *The Coinage of Gela*, wie Anm. 11, 150–151; U. Westermark, *Overstrikes of Taras on Didrachms of Acragas*, in O. Mørkholm, N. M. Waggoner (Hrsg.), *Greek Numismatics and Archaeology, Essays in Honor of Margaret Thompson*, Wetteren

*IGCH* 2071 'Monte Bubbonia, 1910' wurde um 475/70 v. Chr. nicht weit von Gela verschüttet und beinhaltet neben Nominalen aus allen wichtigen Münzstätten Siziliens auch 78 Didrachmen aus Akragas, darunter Vertreter aller vier Prägegruppen,[102] und sechs Statere aus Himera, von denen ein Exemplar eine frühere Drachme als Reverstyp mit Henne und fünf Exemplare Didrachmen des akragantinischen Typs sind: eine Drachme der Gruppe I, Aversstempel 03, vier aus der Gruppe II, Aversstempel 010 und 013 (drei Exemplare).[103] Der Fund *IGCH* 2068 'Passo di Piazza, 1934', mit einer Verschüttung kurz nach 480 v. Chr.,[104] beinhaltet neben Münzen aus Syrakous, Messana und Gela selbst auch sechs Didrachmen aus Akragas der Gruppen I–IV.[105] Ebenfalls im Osten Siziliens kam unweit von Leontinoi am Monte S. Basile in einem Tongefäß der Münzschatz *IGCH* 2075 'Casulla, 1933' ans Tageslicht. Erst in den Jahren nach 470 v. Chr. verschüttet, enthält dieser neben Münzen anderer sizilischer Prägestätten auch Didrachmen aus Himera und Akragas, und zwar auch aus den letzten archaischen Prägeserien: 24 Didrachmen aus Akragas, mitunter aus der Gruppe IV, und vier Didrachmen aus

---

1979, 287–293, 290; Tusa Cutroni, *Presenza e funzioni della moneta nelle* chorai *delle colonie greche della Sicilia occidentale*, wie Anm. 48, 390.

[102] Es sind 21 Exemplare der Gruppe I, 16 Exemplare der Gruppe II, 27 Exemplare der Gruppe III und 14 Exemplare der Gruppe IV (Jenkins, *The Coinage of Gela*, wie Anm. 11, 154).

[103] P. Orsi: Sicilia. Nuove scoperte nelle provincie di Caltanissetta e di Messina, NSc, Serie 5,9, 1912, 449–458, 454–455; Currò Pisano, La consistenza del medagliere di Siracusa per quanto riguarda la monetazione greco-siceliota, wie Anm. 46, 223, 237 (hier: 'Caltagirone 1910'); Jenkins, The Coinage of Gela, wie Anm. 11, 22–24, 154 (hier: 'Mazzarino 1910'); Jenkins, Himera: The Coins of Akragantine Type, wie Anm. 52, 30.

[104] Jenkins, *The Coinage of Gela*, wie Anm. 11, 156. Vgl. die Listung bei: Currò Pisano, *La consistenza del medagliere di Siracusa per quanto riguarda la monetazione greco-siceliota*, wie Anm. 46, 227 (unter: '1934=Gela').

[105] Es handelt sich um jeweils ein Exemplar der Gruppen I–III sowie um drei Exemplare der Gruppe IV (Jenkins, *The Coinage of Gela*, wie Anm. 11, 156).

Himera der Gruppe II nach Jenkins 1971b, alles späte Emissionen mit den Aversstempeln 010, 013, 014 und 015. Der außerordentlich gute Erhaltungszustand dieser Stücke bezeugt eine Verschüttung nicht lange nach 472/1 v. Chr.[106]

Eine Vergesellschaftung von Didrachmen aus Himera und Akragas liegt auch in dem Hortfund *IGCH* 2073 'Sicily, 1927–1928', mit dem Verschüttungszeitpunkt zwischen 475 und 460 v. Chr., vor: Neben zwei Tetradrachmen aus Syrakous der Gruppen 123 und 154 nach Boehringer 1929 finden sich hier auch eine Didrachme aus Akragas der Gruppe IV sowie eine nicht näher bestimmte Didrachme akragantinischen Typs aus Himera wieder.

Den Münzhort 'Comiso, 1970', vermutlich der in *CH* 1,10[107] bezeichnete Fund, beinhaltete neben Didrachmen aus Gela und verschiedenen Münzen aus Syrakous, Messana sowie Rhegion auch 93 Didrachmen aus Akragas. Exemplare aus allen vier Prägegruppen waren Teil des Münzschatzes, wobei die Exemplare der Gruppe IV am häufigsten belegt sind und als prägefrisch beschrieben wurden.[108] In Vergesellschaftung befanden sich elf himeraische Didrachmen des akragantinischen Typs; der Zustand sechs dieser Exemplare wurde von Christoph Boehringer als «'vorzüglich' bis 'stempelglänzend'»[109] beschrieben; berücksichtigt man zudem, dass mit dem Aversstempel 013 eine der letzten himeraischen Emissionen vorliegt, wird die Unmittelbarkeit der Münzbewegung zwi-

---

106 Currò Pisano, La consistenza del medagliere di Siracusa per quanto riguarda la monetazione greco-siceliota, wie Anm. 46, 226–227; Jenkins, Himera: The Coins of Akragantine Type, wie Anm. 52, 31.

107 In *CH* 1,10 waren diese Münzen noch als Teil des *IGCH* 2066 angesehen worden. Erst die Rekonstruktion der Fundzusammenhänge durch Christoph Boehringer erlaubte es, einen neuen Hortfund zu identifizieren. Vgl.: C. Boehringer: *Der spätarchaische Münzfund von Comiso 1970*, SNR 89, 2010, 5–33, 5–6.

108 Boehringer: *Der spätarchaische Münzfund von Comiso 1970*, wie Anm. 107, 6.

109 A. a. O., 8.

schen Himera und Gela deutlich. Der Münzschatz soll nach Christoph Boehringers Angabe zwischen 472 und 470 v. Chr. verschüttet worden sein, wobei er für die Prägelücke in Akragas keine Erklärung liefert.[110]

Dass archaische Münzen aus Himera und Akragas noch längere Zeit im Umlauf blieben, zeigen weitere Funde mit einem Verschüttungsdatum bis zur Mitte des fünften Jahrhunderts. In dem erst in nachemmenidischer, vielleicht sogar erst in bürgerlicher Zeit ab 461 v. Chr.[111] verschütteten und als Umlauffund zu charakterisierenden Münzhort *IGCH* 2076 'Sicily, 1890' sind von den 200 *argentea* eine unbestimmte Menge Didrachmen der Gruppe IV aus Akragas sowie, neben 10 Stateren jüngerer Ausschüttungen, auch 12 Didrachmen akragantinischen Typs aus Himera belegt. Der Verschüttungsort ist nicht bekannt, dürfte angesichts der Komposition, zu der auch Stücke aus Gela, Syrakous, Leontinoi, Messana und Segesta gehören, vorrangig auf den Osten der Insel zu verorten sein. Akragantinische Prägungen ohne eine sichere Zuordnung zu den Gruppen III oder IV liegen in vier weiteren Funden vor: dem *IGCH* 2077 'Lentini, 1921', verschüttet um 460/50 v. Chr.,[112] dem *IGCH* 2080 'Paternò, 1915', verschüttet vor 450 v. Chr.,[113] dem *IGCH*

---

[110] A. a. O., 11–13. Christoph Boehringer geht kategorisch von der Prämisse aus, dass die himeraischen Didrachmen in der Zeit zwischen 483–472 v. Chr., also den gesamten Zeitraum der emmenidischen Fremdherrschaft hindurch, geprägt wurden, der Hortfund also gemäß dem Datum *post quem* 472 v. Chr. verschüttet worden sein muss.

[111] Um 450/50 v. Chr. nach: Seltmann: *Über einige seltene Münzen von Himera*, wie Anm. 51. Colin Kraay datierte den Hortfund auf 465/60 v. Chr., vgl.: C. M. Kraay: *Greek Coins and History*, London 1969, 32–34).

[112] Currò Pisano, *La consistenza del medagliere di Siracusa per quanto riguarda la monetazione greco-siceliota*, wie Anm. 46, 225, 238; Jenkins, *The Coinage of Gela*, wie Anm. 11, 153.

[113] Currò Pisano, *La consistenza del medagliere di Siracusa per quanto riguarda la monetazione greco-siceliota*, wie Anm. 46, 224, 239; Jenkins, *The Coinage of Gela*, wie Anm. 11, 157.

2081 'Carancino, 1907', ebenfalls vor 450 v. Chr. in der Nähe von Syrakous verschüttet.[114] Der Hortfund *IGCH* 2084 'Selinunte, 1923' wurde um 455 v. Chr. verschüttet, beinhaltete klassische Prägungen aus acht verschiedenen Münzstätten Siziliens; unter den 475 *argentea* befanden sich eben auch zwei archaische Drachmen des akragantinischen Typs aus Himera nebst 88 akragantinischen Didrachmen, deren Gruppenzugehörigkeit wie in allen Hortfunden nicht rekonstruiert werden konnte.[115]

### 2.3.2 Einzelfunde

Neben den Münzhorten sind auch Streufunde und Fundmünzen aus stratigraphischen Befundlagen zu berücksichtigen. Während der archäologische Befund aus der Zeit vor 480 v. Chr. keinerlei Münzfunde hervorgebracht hat, beginnen mit der dritten Dekade des Jahrhunderts einige Münzfunde. Neben einem *hemilitron* aus Himera selbst sind in Himera auch zwei *tetrantes* aus Segesta erhalten, ferner drei Tetradrachmen aus Syrakous, die den Emissionsreihen der Jahre 485–479 v. Chr. nach Boehringer 1929 entsprechen.[116] Eine Didrachme aus

---

[114] Currò Pisano, La consistenza del medagliere di Siracusa per quanto riguarda la monetazione greco-siceliota, wie Anm. 46, 223.

[115] G. Kenneth Jenkins datiert diesen Hortfund aufgrund der hohen Zahl an klassischen Prägungen auf etwa 435 v. Chr. Vgl.: Jenkins, *The Coinage of Gela*, wie Anm. 11, 66, 159.

[116] A. Tusa Cutroni, *Rinvenimenti monetali ad Himera e nel suo territorio nel periodo arcaico. Loro significato*, AIIN 16–17 suppl., 1971, 69–83, 70–71. Zur Frage des Zeitpunkts der Aufnahme der Bronzeemissionen vgl.: C. M. Kraay, *The bronze coinage of Himera and 'Himera'*, AIIN 25 suppl., 1979, 27–52, 35–41 (Himera); D. Bérend, Denyse: *Le Monnayage de Bronze de Segeste*, AIIN 25 suppl., 1979, 53–77 (Segesta); Tusa Cutroni, *Presenza e funzioni della moneta nelle* chorai *delle colonie greche della Sicilia occidentale*, wie Anm. 48, 387.

Akragas ist im Zuge der Ausgrabungen in Himera, die Anfang der 1970er Jahre durchgeführt wurden, gefunden worden.[117]

Himeraische Münzen selbst sind auch in Siedlungsgrabungen an anderen westsizilischen Stätten gefunden worden. Beachtenswert sind zwei Funde vom Monte Iato, in beiden Fällen sind es Drachmen des akragantinischen Typs (Abb. 5.6), die Ähnlichkeiten mit der Prägegruppe III aus Akragas (483/80 v. Chr.) aufweisen: Eine, die aus der Zerstörungsschicht des spätarchaischen Hauses um 460 v. Chr. stammt, wurde bei Suzanne Frey-Kupper publiziert,[118] die andere wurde während der Grabungskampagne von 2014 in der Nähe der archaischen Siedlung gefunden.[119] Ferner eine *tetras*, sehr frühe Prägung und gefunden in Castronovo di Sicilia (Provinz Palermo)[120] sowie jeweils ein *hemilitron* und ein *pentonkion* vom Monte Saraceno di Ravanusa[121] und ein *hemilitron* der Zeit 480–470 v. Chr., gefunden in Motye.[122]

[117] A. Tusa Cutroni, *Le monete*, in N. Allegro – O. Belvedere – N. Boncasa – C. A. di Stefano – E. Epifanio – E. Joly – M. T. Manni Piraino – A. Tullio – A. Tusa Cutroni (Hrsg.), *Himera 2. Campagne di scavo 1966–1973*, II, Rom 1976, 705–780, 741, Nr. 256, Taf. 118,2.

[118] S. Frey-Kupper, Die antiken Fundmünzen vom Monte Iato 1971–1990. Ein Beitrag zur Geldgeschichte Westsiziliens, 2 Bände (Studia Ietina X), Prahins 2013, 62-63, mit Anm. 9, Abb. 5,3.

[119] Reusser – Perifanakis – Mohr, *Forschungen auf dem Monte Iato 2014*, wie Anm. 53, 124, Nr. 3, mit Taf. 19,4.

[120] C. A. Di Stefano, Attività della Soprintendenza per i Beni Culturali e Ambientali di Palermo, Kokalos 39–40, 1993–1994, 1093–1118, 1115.

[121] M. Caccamo Caltabiano: I rinvenimenti monetali. Monte Saraceno sede di Xenoi?, in A. Calderone et al., Monte Saraceno di Ravanusa. Un ventennio di ricerche e studi, Messina 1996, S. 183–193, Nr. 2.42.

[122] Tusa Cutroni, Rinvenimenti monetali, wie Anm. 116, S. 78, Anm. 30.

Zwei akragantinische Didrachmen der Gruppe III wurden in den Grabungen vom Monte Iato bislang gefunden (Abb. 3.4).[123] Als Fundort akragantinischer Kleinmünzen ist des Weiteren Megara Hyblaia zu erwähnen, wo zwei *triantes* als erste Vertreter der bislang nicht sicher datierten Bronzeprägungen gefunden worden sind (CH II,16).[124]

Diese Fundstreuung belegt mit dem Aufleben wirtschaftlicher Verflechtungen in der Fläche ein neues Phänomen, welches Aldina Tusa Cutroni als beachtenswerte «coesione economica regionale» und «permeabilità delle relative chorai»[125] bezeichnete. Im Detail bedeutete diese engere ökonomische Verbindung binneninsularer indigener Stätten mit den griechischen Küstenstädten ein Erstarken der Route von Himera in Richtung Akragas entlang des Flusstals des südlichen Himeras und des Platani, eine Route, die im geloisch-akragantinischen Blickfeld lag und entlang der ein Austausch von Prägungen aus Akragas mit Himera und aus Himera in Richtung Süden erfolgte. Ein weiterer geographischer Bereich, in dem diese *coesione* spürbar ist, war eben auch das westliche Inselinnere im Hinterland von Palermo, mit einer Reichweite, die sich vermutlich über den Monte Iato hinaus noch weiter in Richtung Westspitze der Insel erstreckte. Gleichzeitig wird deutlich, dass akragantinische Münzen eine stärkere Verbreitung entlang dieser Distributionsrouten erfuhren, als es für Münzen aus Himera der Fall war.

---

123 Frey-Kupper, *Die antiken Fundmünzen vom Monte Iato 1971–1990,* wie Anm. 118, 63, mit Abb. 5,1; 62–63, mit Anm. 9, Abb. 5,2. Letztere stammt aus derselben Zerstörungsschicht des spätarchaischen Hauses, in der die in Anmerkung 108 erwähnte himeraische Drachme gefunden wurde.

124 Sollte als Verschüttungsdatum *ante quem* 482 v. Chr., dem Zerstörungsdatum Megara Hyblaias, stimmen, läge hier ein Beleg für die frühe Aufnahme der Bronzeprägung vor.

125 Tusa Cutroni, *Presenza e funzioni della moneta nelle* chorai *delle colonie greche della Sicilia occidentale*, wie Anm. 48, 372.

# 3 Bewertung. Momente und Auswirkungen akragantinischer Flächenstaatlichkeit

Wie unterschiedlich die außenpolitischen Orientierungen innerhalb der nichtgriechischen Staatenwelt ausfallen konnten, wird an der Münzprägung der drei elymischen Städte deutlich. Das elymische Kultzentrum Eryx weist in der Wahl seiner münzbezogenen Repräsentationsstrategien eine hohe Mobilität zwischen den kulturellen und politischen Einflusssphären dieser *border area* auf. Mit dem Aphroditekult, der durch die Analogie zum Astartekult über eine hohe Fähigkeit zur Adaptabilität nicht nur gegenüber dem phönizisch-karthagischen Kulturkreis, sondern auch im Hinblick auf die indigenen Bevölkerungen verfügte, war ein wichtiges kulturelles Element dieses religiösen Zentrums gegeben, welches sich zunächst nach Selinous, dann nach Akragas, zuletzt nach der durch Segesta angeführten punisch-elymischen *koiné* orientierte. Ganz im Gegensatz dazu verhielt es sich im Falle von Entella, welches im südöstlichen Grenzbereich des elymischen Siedlungsgebietes isoliert war und eine starke Anlehnung an die Herakles-Tradition von Selinous aufwies. In Ermangelung eines überhaupt elymischen Charakters in der entellinischen Münzprägung stellt sich die Frage, ob die Elymerstadt gegebenenfalls auch politisch bzw. zumindest diplomatisch in Abhängigkeit zu Selinous stand oder vielleicht sogar auch engere kulturelle Wechselbeziehungen mit der Polis bestanden. Am konsequentesten blieb Segesta der indigenen Vokation treu, indem sie sich gegenüber dem Aufkommen des akragantinischen Motivparadigmas ikonographisch genauso wenig veränderte wie die griechische Polis Selinous. Segesta, das seine Autonomie zu keinem Zeitpunkt einbüßte, orientierte sich aus marktbezogener Notwendigkeit im Nominal und Münzfuß nach dem vorherrschenden selinuntinischen System, garantierte aber durch die eigene Ikonographie den Erhalt eines Alleinstellungsmerkmals. Die Gleichzeitigkeit elymischer und griechischer Lautregeln in den Legendeninschriften bezeugt nach Aldina Tusa Cutroni eine «esistenza e persistenza della doppia lingua nel patrimonio culturale»,[126] eine Tatsache, die auf den hohen Grad an Autonomie und politischer wie wirtschaftlicher Gestaltungsinitiative der Stadt verweist. Letztendlich ist diese mitunter auch in der literarischen Überlieferung bezeugte, politisch selbstbewusste Stellung der Stadt im fünften Jahrhundert[127] die Ursache dafür, dass sie nicht unter das akragantinische Hegemoniestreben geriet, zumal sie sich auch aus den Auseinandersetzungen des Jahres 480 v. Chr. herausgehalten hatte. Die hohe Mobilität von Eryx auf der einen Seite sowie die durchgehende Dependenz von Entella auf der anderen Seite spiegeln sich auch in der Untersuchung des Nominalwerts, der Emissionshöhen sowie der distributiven Reichweite wider. Oben wurde bereits der Einfluss von Selinous und Akragas auf die Wahl des Münzfußes, der in Eryx in Form der Drachme sowie des *hemilitron* und in Motye in Form der Didrachme nach attisch-euböischem Münzfuß realisiert wurde, hingewiesen. Es ist nicht verwunderlich, dass Münzstätten wie Eryx und Motye, die, zwar durch Akragas Impulse für neue Ausschüttungen erhielten, oder Entella, das im Einflussgebiet von Selinous lag, nie die Emissionshöhen erreichten wie das freie Segesta, dessen Auflagenhöhe von Beginn an große Ausmaße annahm und schließlich sogar das durch die schwindenden Emissionsmengen in Selinous verursachte Vakuum zu füllen vermochte.

Nähern wir uns nun der Frage nach Therons Ambitionen im Raum. Die Untersuchung des ikonographischen Panoramas hat eindrucksvoll gezeigt, dass sich die Einflusssphäre des emmenidischen Akragas auf große Bereiche der elymisch-punischen Gebiete ausdehnte, ohne dass wir sonst dafür einen Beleg in der antiken Literatur hätten. Unter ikonologischen Gesichtspunkten ist Eryx am deutlichsten der Schnitt erkennbar. Es tut sich die Vermutung auf, dass in der aus dem sechsten Jahrhundert

---

126 Tusa Cutroni, *Riflessioni sulla monetazione di Segesta ed Erice*, wie Anm. 62, 242.

127 Vgl. zu den außenpolitischen Verwicklungen der Stadt: Hdt. V 47 (Folgen der Dorieus-Kampagne); Diod. XI 86,2 (Kriegsereignis im Jahr 454 v. Chr.).

bekannten Tradition der Versuche, in der Nähe dieser traditionsreichen Stätte eine Kolonie zu gründen, für Theron die Einverleibung dieser enorm wichtigen Kultstätte im Westen Siziliens ein vorrangiges Ziel war.[128] Auch die Motivübernahmen in Motye, das ansonsten aufgrund seiner geographischen Lage im Schatten von Selinous befindlich und als peripheres Element der punisch-elymischen Sphäre anzusehen ist, gestalten sich einschneidend und parallel zur Entwicklung in Eryx. Und Hippana erweckt dadurch, dass die Münzprägung nur kurzzeitig in Form des akragantinischen Typs belegt ist, den Verdacht, dass die Münzprägung überhaupt erst durch Theron initiiert wurde. Damit zeigen, von Selinous und Segesta, deren politische Gründe auf der Hand liegen, abgesehen, alle zeitgenössischen Münzstätten Westsiziliens eine Beeinflussung durch die emmenidische Münzprägung. Von der in Inselmitte nordsüdlich verlaufenden Verbindungsachse Himera-Akragas, die mitunter auch durch die distributive Analyse bestätigt wird, ausgehend, wirkte sich die Stoßkraft der emmenidischen Herrschaft im Raum entlang der Nordküste und durch das westliche Inselzentrum in Richtung Westen aus. Von Himera aus gelangte der Einfluss über den Monte Iato, Hippana bis an den äußersten Inselwesten; Panormos im Norden und Segesta-Selinous im Süden sowie das südwestliche Inselinnere wurden umgangen. Damit bedeutete der Sieg eine Umgewichtung politischer Verhältnisse und ein Erstarken der Polis Akragas gegenüber Selinous. Hatten sich kleinere Städte in der Zeit der Polarisierung zwischen Karthago, Selinous und Akragas noch im Hinblick auf ihre Loyalität entscheiden müssen, ergaben sich die kleinen Gemeinwesen nun dem Einfluss des siegreichen und auf Machtkonstitution bedachten emmenidischen Herrschaftshauses. Damit ist die in der einschlägigen Forschungsliteratur zur sizilischen Tyrannis geäußerte Meinung zu revidieren, wonach die Bedeutung der Schlacht von Himera in ihren

---

[128] Zur Bedeutung der Kultstätte im Kontext von Westsizilien, vgl.: Bisi, *Catalogo del materiale archeologico*, wie Anm. 79; Tusa Cutroni, *Le emissioni frazionarie di argento di Erice*, wie Anm. 11.

Auswirkungen selbst nicht so hoch einzustufen sei, wie die antike Historiographie es mit dem Vergleich zur Schlacht von Salamis tat.[129] Wie die vorliegende, münzbezogene Analyse gezeigt hat, verfügte die Schlacht von Himera in der Tat über eine wichtige tagespolitische Relevanz in Sizilien, und ihre Bedeutung war bei Weitem nicht ein Produkt historiographischer Willkür.

Erklärt man für Himera die Übernahme des akragantinischen Motivprogramms mit der Herrschaft des Theron, was nach dem Wortlaut von Kenneth Jenkins «quite beyond question» sei und als «one of the most notable examples of such typological changes in the coinage of [this] period»[130] anzusehen sei, erscheint es unschlüssig, hinsichtlich der übrigen betroffenen Städte wie Eryx, Hippana und Motye eine Ausdehnung der akragantinischen Einflussmacht abzulehnen. Dass das Gebiet der Stadt Akragas im Nachwirken der Schlacht von Himera sich von dort aus entlang der Küste in Richtung Westen ausdehnte und nicht nur mit Hippana, Eryx und Motye drei strategisch wichtige Zentren seiner Kontrolle einverleibte, kann auf keine eindrucksvollere Weise angedeutet werden als durch den gleichzeitig durchdringenden Wechsel der Motivprogramme in diesen Städten sowie der regen Einführung siegbekundender Beizeichen. Analoges Phänomen ist im Osten der Insel zu konstatieren, wo unter den Deinomeniden der Münztyp der syrakusischen Quadriga in den kontrollierten Städten wie Gela, Leontinoi und

---

[129] Diese Meinung ist bei solchen Untersuchungen anzutreffen, die sich ausschließlich auf literarische Zeugnisse beziehen, etwa bei Marc Hofer; für die antike Geschichtsschreibung musste es demnach "ein reizvolles Thema sein, die beiden 'historischen' Siege von Salamis und Himera als gemeinsam gewonnenen Abwehrkampf des Griechentums gegen die Barbaren darzustellen" (Hofer, *Tyrannen, Aristokraten, Demokraten*, wie in Anm. 2, 28).

[130] Jenkins, *Himera: The Coins of Akragantine Type*, wie Anm. 52, 22. Ähnlich formulierte es Nino Luraghi, nach dem die Änderung der Münztypen um 483 v. Chr. «fa pensare, in termini molto approssimativi, ad un più stretto controllo agrigentino sulla città» (Luraghi, *Tirannidi arcaiche in Sicilia e Magna Greca,* wie Anm. 2, 247).

Aitna, dem umbenannten Katane, übernommen wurde[131] und wo Messana unter Anaxilaos Typen aus Rhegion mit dem Eselgespann (Av) und Hasen (Rv) nachahmte.[132] Dass die Prägung neuer Münztypen im frühklassischen Sizilien einen fassbaren politischen Anlass hatte, ist in Syrakous nach dem Sieg von 480 v. Chr. auch an der Prägung des *damareteion*, einer quasi als Medaillon geprägten Dekadrachme, belegt (Diod. XI 26,3).[133] Der 461 v. Chr. vollendeten Befreiung von der Tyrannis sind außerdem die heute erhaltenen Dekadrachmen zuzuschreiben.[134] Damit nimmt auch der Verzicht auf ruhmsteigernde Beizeichen, wie es in Himera ab 480 v. Chr. belegt ist, eine ebenso ausgeprägte politische Aussagekraft an. Denn während auf den Münzen der siegreichen Städte Akragas und Syrakous Beizeichen in hoher Zahl und großer Motivvielfalt auf die kulturellen und ökonomischen Bedingungen der Tyrannenherrschaft hinwiesen, hatte die Schmach, die auf die unterworfene Stadt Himera gekommen war, diese Stadt für die Prägung von ruhmvollen Beizeichen unwürdig gemacht. Beizeichen bekundeten eben den Sieg und die ideologische Vorrangigkeit der prägenden Polis. Himera blieb, wenngleich sie weiter Münzen emittierte, Verlierer eines Krieges und hatte sich in der ikonographischen Ausgestaltung des Nominals der Vorgabe des emmenidischen Akragas voll unterzuordnen.

In Anbetracht der Tatsache, dass es sich bei der oben besprochenen Litra aus Hippana um den einzigen Münztyp der Stadt handelt, sich dieser durch eine starke Imitation des akragantinischen Vorbildes artikulierte und dabei kanonische Züge mit den Münzen akragantinischen

---

131 C. Boehringer, Hieron's Aitna und das Hieroneion, JNG 18, 1968, 67–98; M. P. Wahl, Das System der Deinomeniden: Motivwanderungen auf westgriechischen Münzen im 5. Jahrhundert v. Chr., in M. Alram et al. (Hrsg.), Akten des 5. Österreichischen Numismatikertages, Enns, 21. – 22. Juni 2012, Linz 2014 (Forschungen in Lauriacum 15), 33–42.

132 Rizzo, *Monete greche della Sicilia*, wie Anm. 11, 138–139.

133 Vgl. dazu: Asheri, *Carthaginians and Greeks*, wie Anm. 1, 774–775.

134 Ebenda.

Typs in Motye und Eryx annahm, muss die Bewertung der Funktionalität der elymisch-punischen Emissionen über den von Adolf Holm postulierten Wunsch nach Selbstständigkeit im Nachwirken der Schlacht von Himera hinausgehen.[135] Hippana gehörte, wenn es auch politisch nicht besonders relevant war, zu den strategisch wichtigsten Orten des westlichen Inselinneren. Es ist nicht ausgeschlossen, dass ein weiteres politisches Ziel der emmenidischen Expansionspolitik darin bestand, solche wichtigen Städte einzuverleiben und dies auf administrativer Ebene durch die Aufnahme der Prägung zu besiegeln. Sollten sich die in Bezug auf Motye und Eryx geäußerten Annahmen einer präakragantinischen, nach Karthago bzw. Selinous orientierten Münzprägung bestätigen, würde sich die Hinwendung zu Akragas in diesen beiden Städten ebenfalls stärker abzeichnen.

Eine zentrale Erkenntnis in Bezug auf die sich anschließende bürgerliche Zeit betrifft aus akragantinischer Sicht die Existenz tangentialer Vorgänge, die sich über die engeren kulturellen Identitäten hinweg zwischen punischen und elymischen Städten entwickelten. Auf einem Medium, das zuerst von Selinous aus den Elymern in Segesta und Eryx vermittelt worden war und – zumindest in ökonomischer Hinsicht – dem *leadership* der griechischen Städte gefolgt war, manifestierte sich in bürgerlicher Zeit die völlige Aneignung und Funktionalisierung des Zahlmittels durch die nichtgriechischen Städte. Von Segesta aus ging ein linguistischer Impuls nach Eryx; es erfolgte außerdem mit der erykinisch-segestanischen Doppelemmission eine Neudefinition der politischen Rolle, die der Währung im nichtgriechischen Raum zukam, nämlich der Bekundung einer politischen *koiné*, die nun endgültig die Einflussnahme selinuntinischer oder akragantinischer Stadtpolitik überwunden hatte. Ein derartig dynamischer, kreativer Umgang mit der Münze in nichtgriechischen Kreisen ist für die Zeit der emmenidischen Herrschaft selbst nicht feststellbar.

---

[135] Vgl.: Holm, *Geschichte Siciliens im Alterthum*, III, wie Anm. 2, 604.

Verschüttungsorte und Zusammensetzungen der Horte weisen in unserem Betrachtungszeitraum eine hohe Affinität zwischen akragantinischen und himeraischen Münzen auf, sowohl in Hortfunden, die den Charakter eines Umlauffundes annehmen, als auch in Hortfunden, die isolierte Münzverbreitungen darstellen, in denen unsere Münzen aus Himera und Akragas isoliert oder nur in Vergesellschaftung mit westsizilischen Nominalen auftreten. Die Verbreitung orientiert sich deutlich neben der in nordsüdliche Richtung verlaufenden Distributionsachse auch entlang der Südküste in Richtung Osten und bildet nicht nur wichtige Kommunikations- und Handelswege ab, sondern folgt auch der politischen Interessenlage der Zeit. Die Einzelfunde bestätigen zusätzlich einen beginnenden *influx* fremder Währungen nach Himera in der Folge der Schlacht von 480 v. Chr.[136]

Der erstarkten Rolle von Akragas im Raum entspricht der Verlust an außenpolitischer Stabilität im Falle von Selinous. Für Selinous offenbart das Zeugnis des numismatischen Quellenmaterials etwa drei Jahrzehnte lang, von Beginn der Herrschaft Therons bis zum Sturz der Tyrannis eine außenpolitische Isolation. Zunächst wurde diese durch den unbeeinflusst gebliebenen Münztyp deutlich. Bereits der Verlust des Emporions in Herakleia Minoa im Osten hatte einen schweren Rückschlag, das endgültige Zurückweichen von der Mündung des Platani, des antiken Halykos, mit sich geführt. Diese prekäre Lage verstärkte sich infolge der Niederlage von 480 v. Chr. zusätzlich. Nicht nur Theron selbst, mit ihm auch sein Sohn, seine Vettern Kapys und Hippokrates und mögliche andere Mitglieder der emmenidischen Herrscherdynastie, bereiteten

136 Vgl. das Urteil Aldina Tusa Cutronis: «La città, nel periodo più arcaico, ci dà l'impressione di essere tagliata fuori da ogni contatto con altri centri e sembra che solo dopo il 480, si apra alla introduzione della moneta esterna che comincia a circolarvi con un flusso ininterrotto fino al 409 ed anche oltre» (Tusa Cutroni, *Rinvenimenti monetali ad Himera e nel suo territorio nel periodo arcaico,* wie Anm. 116, 71).

Selinous an der Ostgrenze der *chṓra* Probleme und machten der Stadt über die Kontrolle der punisch-elymischen Städte im Norden zudem indirekt zu schaffen. Die Krise in der selinuntinischen Münzprägung, die sich durch den schnellen Emissionsrückgang bis hin zum Stillstand manifestierte, korreliert mit der aus dem literarischen Quellenmaterial überlieferten Bedingungen des Friedensvertrages von 480 v. Chr., wonach Akragas und den Verbündeten bedeutende Mengen Silber zugesprochen wurden (Diod. XI 26,1–3). Dieser sich direkt und indirekt äußernde hegemoniale Zustand der Polis Akragas über Selinous hielt bis zum inschriftlich bezeugten Sieg der Stadt Selinous über einen unbekannten Gegner im Jahr 454 v. Chr. (IG XIV 268) und der etwa zeitgleich erfolgten Wiederaufnahme der Münzprägung an und könnte somit einen Teil der Erklärung des Entstehungskontextes der Inschrift liefern.

Eine ebenso wichtige Arbeitshypothese ergibt sich aus dieser neuen Lesart der zwei Jahrzehnte nach der Schlacht von Himera in Bezug auf die Beziehung zwischen diesen Hegemonialmächten des Inselwestens und solchen mittelstarken indigenen Städten, die im Unterschied zu Segesta in die Interessensphäre von Akragas geraten waren. Zu diesen Städten gehörte auch das indigene Zentrum vom Monte Iato. Die hier genauso wie an sämtlichen indigenen Höhenstädten des zentralen Inselwestens ab 460 v. Chr. archäologisch bezeugte Regression erscheint vor dem Hintergrund der hier vorliegenden Untersuchung als unmittelbare Folge des Machtrückgangs der Emmeniden im Raum und des damit einhergehenden plötzlichen ökonomischen und strategischen Bedeutungsverlusts dieser Städte.[137]

---

[137] Vgl.: S. Vassallo, Abitati indigeni ellenizzati della Sicilia centro-occidentale dalla vitalità tardo-arcaica alla crisi del V sec. a. C., in Atti delle terze giornate internazionali di studi sull'area elima (Gibellina, Erice, Contessa Entellina, 23-26 ottobre 1997), Pisa-Gibellina, 2000, 983–1008; H. P. Isler, Die Siedlung auf dem Monte Iato in archaischer Zeit, in «Jahrbuch des Deutschen Archäologischen Instituts 124», 2009, 137–222.

Angesichts der sich zunehmend durchsetzenden Tetradrachme nach attischem Vorbild, dem sich noch in der ersten Hälfte des fünften Jahrhunderts nicht nur Syrakous, Messana, Naxos und Gela angeschlossen hatten, sondern auch das entfernt im Westen gelegene Motye, hatte sich Theron von Akragas mit der Expansion seiner Herrschaft zum Wegbereiter der Didrachme gemacht, was nicht der Stadt Selinous, deren Münzprägung als erste im Westen dem Stillstand entgegenging, sondern Segesta den Wind in die Segel blies. Himera wurde ökonomisch fest in das von Theron dominierte, von Selinous angesichts der Aufgabe der Münzprägung fortan nicht mehr mitgetragene Netzwerk eingebunden. Damit war die Parallelität der emmenidischen Sphäre im Westen der Insel und der deinomenidischen im Osten der Insel in verschiedenen Bereichen konjugiert, unter anderem im Währungsstandard, in den Emissionsstrategien und den ikonologischen Repräsentationstechniken. Der bislang unbeteiligte Norden der Insel mit den chalkidisch-dorischen Städten Himera, Messana und Naxos wurde aus Sicht Therons und Gelons sowie Hierons I. an eine der beiden Dynastien angebunden.

Fast wie eine Kettenreaktion wurden in den Städten Westsiziliens nach und nach die Münzemissionen zurückgefahren. Teilweise setzten sie sogar ganz aus: In Selinous trat scheinbar als erstes der Stillstand ab etwa 480 v. Chr. ein, in Akragas nach der Gruppe IV, die von Kenneth Jenkins aufgrund des letzten Verschüttungsbelegs nur auf die kurze Zeitdauer von 480–478 v. Chr. definiert wurde, in Himera nach der zweiten Gruppe akragantinischen Typs irgendwann im Verlauf der dritten Dekade. In Eryx, Panormos und Motye ist der Rückgang nicht genau zu datieren, während für Hippana klar ist, dass außer den Münzen akragantinischen Typs keine weiteren Auflagen erfolgten.

Ein Nachwirken akragantinischer Typologie in den Münzprägungen nach 461 v. Chr. ist im Grunde nur für Motye belegt. Für die anderen besprochenen Städte, das elymische Entella und das phönizische Solous, gilt ohnehin, dass eine starke Bindung an Selinous entstand. Letztere Stadt befand sich nach einer Reihe militärischer und diplomatischer

Niederlagen[138] endlich in der Zeit nach dem Ende der emmenidischen Hegemonialherrschaft, spätestens aber ab 454 v. Chr. – so ist durch die selinuntinische Siegesinschrift bezeugt – in vollem wirtschaftlichen wie politischen Aufschwung. Zu untersuchen wäre in Zukunft für die Polis Selinous die Rolle von Überprägungen aus nach-theronischer Zeit, die bislang hier und da auf Kleinmünzen belegt sind. Besonders die Überprägungen von kleinen *selinon*-Blättern auf verschiedenen Fraktionen der umliegenden Münzstätten sollten ins Auge gefasst werden. Eine Überprägung durch Selinous, in einer Privatsammlung befindlich, zeigt ein kleines *selinon*-Blatt auf dem Avers einer Silberlitra aus Akragas der Prägeserie 464/1–450 v. Chr. (*Manganaro 1984*, Taf. 3,23[139]). Vier Silberlitren aus Himera, die ebenfalls auf die postdeinomenidische Zeit datiert wurden, zeigen dieselbe Gegenprägung mit dem Wappenbild der Stadt Selinous in Miniatur (*Gabrici 1894*, Taf. VI 17.19–21).[140] Sogar auf syrakusischen Silberlitren derselben Zeit sind selinuntinische Überprägungen dieser Art belegt (1.: *Manganaro 1984*, Taf. 3,23a; 2.: *Arnold-Biucchi 2000*, Taf. 1,3). Es deutet sich an, dass es sich bei derartigen Gegenprägungen aus der Zeit nach dem Sturz der emmenidischen Herrschaft nicht um eine zufällige Erscheinung handelt, sondern die Funde bis zu einem gewissen Grad doch repräsentativ sind und von einer administrativen Praxis der Überprägung in Selinous zeugen. Es stellen sich Fragen

---

138 Unter anderem zählen dazu die gescheiterte Koloniegründung durch den Spartaner Dorieus, der wohl die Befürwortung durch Selinous genoss, der Verlust des Emporions bei Herakleia Minoa, die Niederlage bei der Schlacht von Himera.

139 G. Manganaro: Dai *mikrà kermata* di argento al *chalkokratos kassiteros* in Sicilia nel v. sec. a.C., Jahrbuch für Numismatik und Geldgeschichte, 34, 1984, 11–39.

140 Gabrici, *Topografia e numismatica dell'antica Imera (e di Terme)*, wie Anm. 49, 74–75. Es handelt sich um: *BMC* 80,42 (London); *SNG* München 5,354 (München); Gabrici, *Topografia e numismatica dell'antica Imera (e di Terme)*, wie Anm. 49, Taf. VI,19 (Palermo); Hunterian Collection, Bd. 1, S. 188, Nr. 16 (Glasgow). Ettore Gabrici vermutet, ohne endgültige Sicherheit bieten zu wollen, die Überprägung erst in der Zeit der Wiederbesiedlung von Selinous unter Hermokrates.

über die Beziehung zwischen Selinous, das zuvor unter dem Expansionsstreben der Nachbarpolis Akragas nicht wenig gelitten hatte, und Akragas selbst, in posttheronischer Zeit, bis 461 v. Chr., aber auch darüber hinaus. Solange das nicht unter Einbindung von Neufunden, Verschüttungskontexten und Fundstreuung erforscht ist, sind keine genaueren Aussagen möglich.[141]

Vorstehende Untersuchung hat uns ein genaueres Bild von einer Phase der Geschichte Westsiziliens gewinnen lassen, über die wir sonst wenig wissen. In Bezug auf die literarische Überlieferung, die sehr stark durch Diodor geprägt ist und unter dem Bemühen seiner Zeit stand, Syrakous als *leader identity* zu erklären, ist durch Silvia Palazzo die Unsichtbarkeit von politischen Akteuren postuliert worden: Gerade in Bezug auf die Kriegsauseinandersetzungen des Jahres 480 v. Chr. sei bezeichnend, dass bei Diodor eine Reihe von Protagonisten, solche wie Anaxilaos von Rhegion, Terillos von Himera, Hieron I. weitestgehend unsichtbar bleiben und selbst Theron von Akragas sowie die mit den Karthagern alliierten Selinuntiner nur kurz angerissen werden.[142] Der Kampf wurde vielmehr aus der späteren Interpretation heraus als Duell zwischen Gelon von Syrakous und den Barbaren stilisiert. Die Münze als Träger politischer sowie ideologischer Botschaften, als Mittel der Demonstration von Einfluss- oder Kontrollmacht, gewinnt in der modernen Nachbetrachtung derartiger historischer Momente die Rolle als ernst zu nehmender Indikator.

Die emmenidische Herrschaft hängt eng mit der Einführung und dem Aufschwung des Münzwesens an den hier behandelten Orten in Westsizilien zusammen. So sehr, wie Münzfuß, Standardnominal, Typen und Distributionskanäle zu einer *coesione* im Raum führten, so schnell brach

---

141 Die bisherigen Erklärungsansätze für die *selinon*-Überprägungen zusammenfassend: Arnold-Biucchi, *Litras en argent contremarquees*, wie Anm. 56, 16–17.

142 S. Palazzo, Selinunte e gli altri 'invisibili' protagonisti della battaglia di Imera, in C. Antonetti – S. De Vido, Temi selinuntini, Pisa 2009, 211–228.

diese Realität nach dem Ende der theronischen Herrschaftszeit auseinander, was zu einer neuen politischen Lage führte, die durch das Erstarken von Selinous und Segesta gekennzeichnet war. Das Ringen um den Einfluss im Raum stellte einen wesentlichen Bestandteil des ökonomischen und urbanistischen Ausbaus der griechischen und nichtgriechischen Städte dar und äußerte sich in einem ständig neuen Aushandeln dieses Anspruchs zwischen den Staaten. Insofern erlaubt diese Analyse nicht nur, einen tieferen Blick in die räumlichen Verhältnisse Westsiziliens während der fast zwei Jahrzehnte andauernden emmenidischen Herrschaft vorzunehmen, sondern auch darüber hinaus Änderungen der politischen Gesamtlage in dem *period of suspension* zu erkennen, der dem Ende der emmenidischen Herrschaft folgte und sich bis zum endgültigen Anbruch der demokratischen Zeit Mitte des Jahrhunderts erstreckte.

# 4 Abbildungen

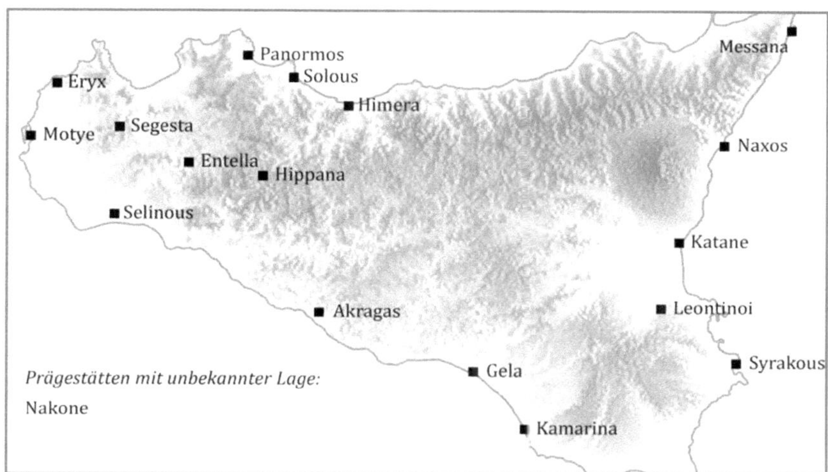


**Abb. 1: Karte der Münzstätten Siziliens im 5. Jh. v. Chr. (Kartengrundlage: R. A. LaFleur, T. Elliott, N. Feldl, A. Retzleff, J. Uy, Copyright 2001, Ancient World Mapping Center; URL: www.unc.edu/awm; Bearbeitung: C. Leeck).**

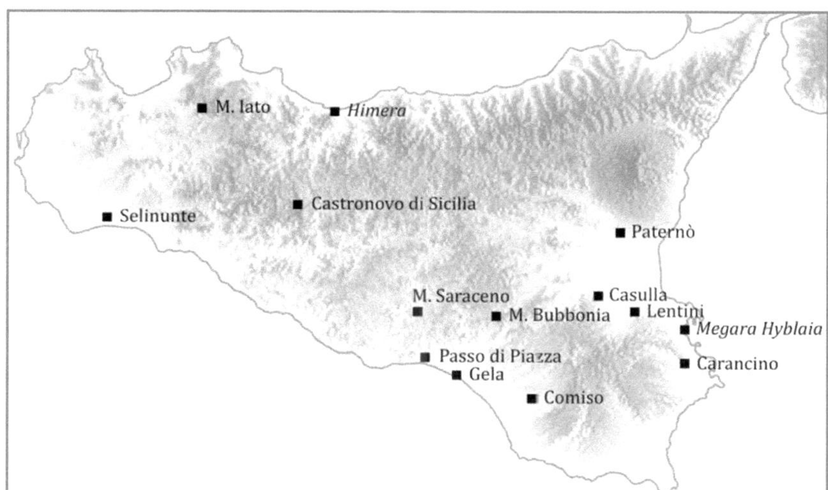


**Abb. 2: Karte der relevanten Fundstätten (Kartengrundlage: R. A. LaFleur, T. Elliott, N. Feldl, A. Retzleff, J. Uy, Copyright 2001, Ancient World Mapping Center; URL: www.unc.edu/awm; Bearbeitung: C. Leeck).**

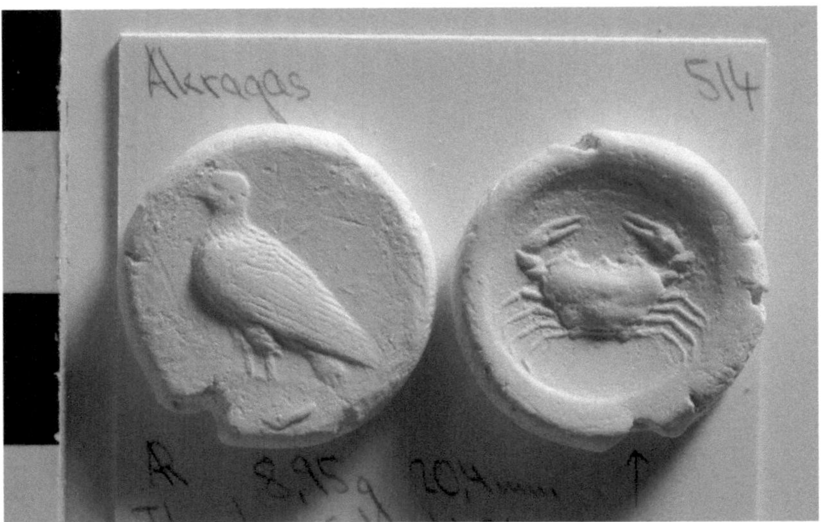


**Abb. 3: Didrachme aus Akragas, Gruppe III, 483–480 v. Chr. (Ietas-Grabung, Inv. 514).**

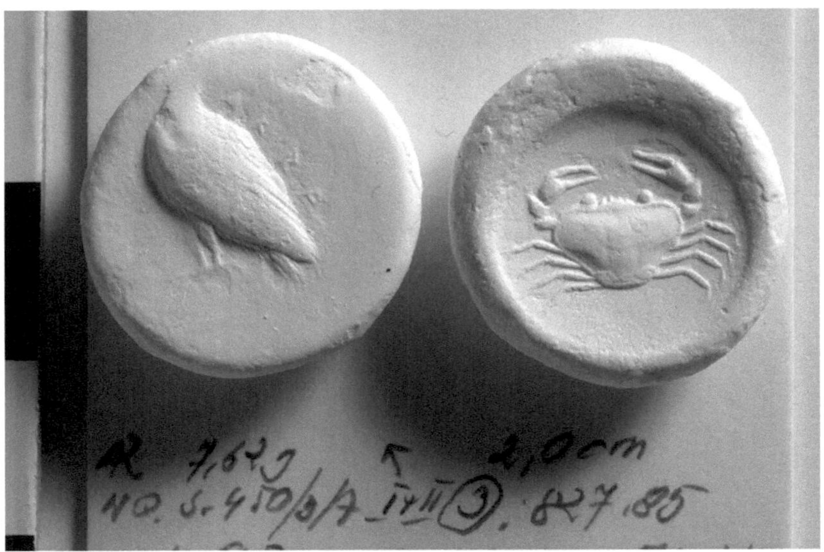

**Abb. 4: Didrachme aus Akragas, Gruppe III, 483–480 v. Chr. (Ietas-Grabung, Inv. 2787).**

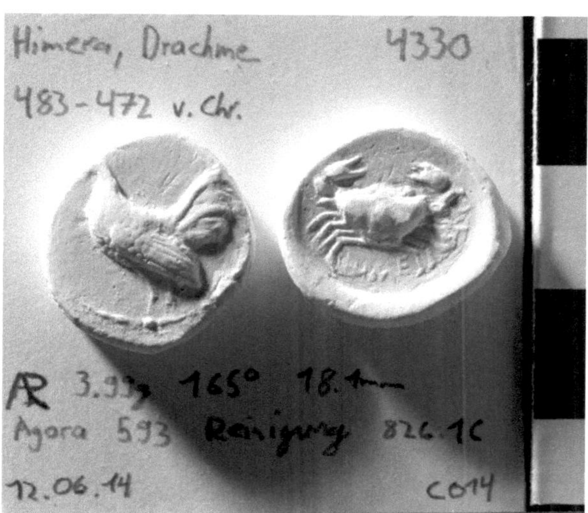


Abb. 5: Drachme aus Himera, akragantinischer Typ, 483–472 v. Chr. (Ietas-Grabung, Inv. 2540).

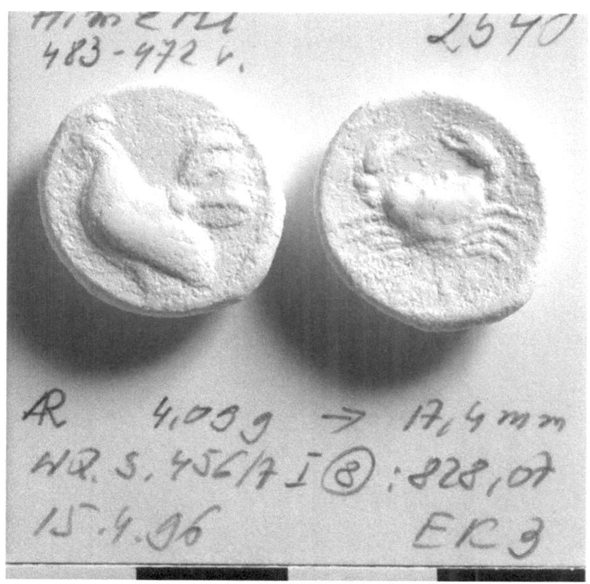


Abb. 6: Drachme aus Himera, akragantinischer Typ, 483–472 v. Chr. (Ietas-Grabung, Inv. 4330).

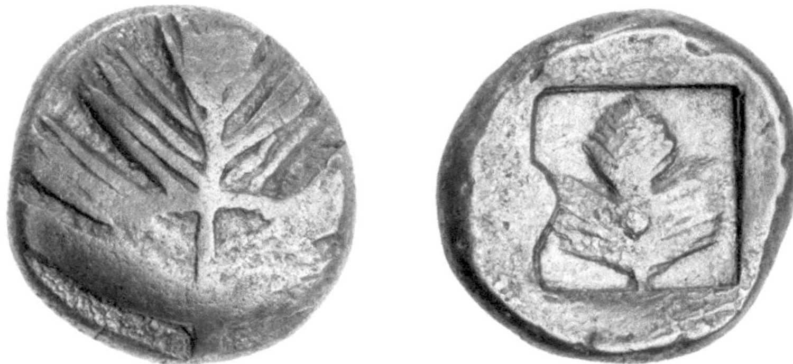

**Abb. 7: Didrachme aus Selinous, 500–490 v. Chr. (ANS 1999.1.2. American Numismatic Society).**

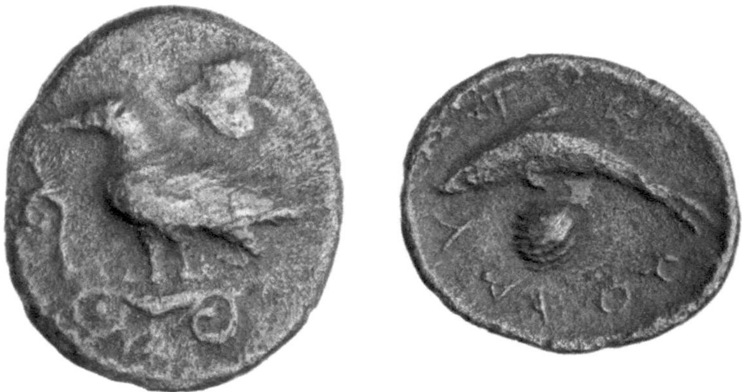

**Abb. 8: Silberlitra aus Motye, 480–460 v. Chr. (ANS 1944.100.10037. American Numismatic Society).**

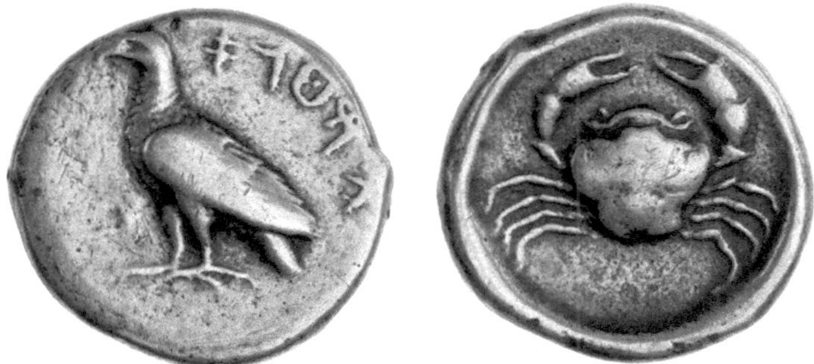

**Abb. 9: Didrachme aus Motye, 480–460 v. Chr. (ANS 1944.100.10035. American Numismatic Society).**

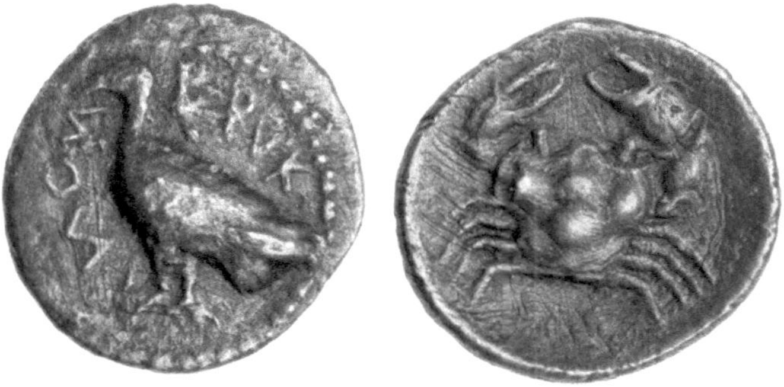

**Abb.10: Silberlitra aus Eryx, 480–460 v. Chr. (ANS 1944.100.8414. American Numismatic Society).**